T0294040

TEMPERAMENTOS

Donceles 66, Centro Histórico
C. P. 06010, Ciudad de México

Temperamentos.
Ensayos sobre escritores, artistas y místicos

ISBN: 978-607-9409-81-4

Primera edición: julio de 2017

Imagen de las guardas:
diseño para papel pintado, William Morris

Diseño de interiores y composición: Sergi Gòdia

G. K. CHESTERTON

TEMPERAMENTOS

ENSAYOS SOBRE ESCRITORES, ARTISTAS Y MÍSTICOS

TRADUCCIÓN DEL INGLÉS
DE JUAN ANTONIO MONTIEL
Y NATALIA BABAROVIC

Jus

CINCO TEMPERAMENTOS ARTÍSTICOS

WILLIAM BLAKE

William Blake habría sido el primero en entender que toda biografía debería empezar con las palabras: «En el principio creó Dios el cielo y la tierra». Si nos propusiéramos contar la vida del señor Jones de Kentish Town, por ejemplo, habría que tener en cuenta muchísimos siglos. Para empezar, tendríamos que comprender que el apellido Jones, siendo tan común, no es por ello un apellido vulgar, sino todo lo contrario: su difusión da cuenta de la popularidad del culto a San Juan el Divino. Sin duda, el adjetivo *Kentish* es un misterio, dadas sus implicaciones geográficas,[1] aunque de ningún modo es tan misterioso como la terrible e impenetrable palabra *town* [ciudad], cuyo significado sólo estará a nuestro alcance cuando hayamos hurgado en las raíces de la humanidad prehistórica y presenciado las últimas revoluciones de la sociedad moderna. Así pues, cada término nos llega coloreado por su deriva histórica, cada etapa de la cual ha producido en él por lo menos una leve alteración. El único modo correcto de contar una historia sería comenzar por el principio... del mundo; de modo que, en pos de la brevedad, la totalidad de los libros comienza del modo incorrecto. No obstante, si Blake escribiera su propia biografía, no empezaría hablando de su nacimiento o de sus orígenes nobles o plebeyos. Ciertamente, William Blake nació en 1757 en el mercado de Carnaby... pero la biografía de Blake escrita por él mismo no habría comenzado

[1] Suele asumirse que el nombre de esa localidad del noroeste de Londres significa «lecho de un canal», puesto que originalmente se asentaba en la ribera del río Fleet. *(Todas las notas son de los traductores.)*

así, sino con una larga disquisición en torno al gigante Albión, los muchos desacuerdos entre el espíritu y el espectro de aquel caballero, las doradas columnas que cubrían la tierra en sus orígenes y los leones que caminaban ante Dios en su dorada inocencia. Habría estado llena de simbólicas bestias salvajes y mujeres desnudas, de nubes monstruosas y templos colosales; y todo habría sido decididamente incomprensible, pero en ningún caso irrelevante. Los mayores acontecimientos de la biografía de Blake habrían tenido lugar antes de su nacimiento.

En cualquier caso, creo que conviene contar la vida de Blake en primer lugar y sólo después ocuparnos de los siglos que la precedieron. Ciertamente, no es fácil resistir la tentación de contar todo lo que pasó antes que Blake existiera, pero resistiré y empezaré por los hechos.

William Blake nació el 28 de noviembre de 1757 en la calle Broad, en la zona del mercado de Carnaby; así que, como tantos otros grandes artistas y poetas ingleses, vio la luz en Londres. Y además en un comercio, al igual que muchos filósofos célebres y místicos ardorosos. Su padre fue James Blake, un próspero vendedor de calzas. Desde luego, resulta interesante comprobar cuántos ingleses de gran imaginación surgieron de un entorno como ése. Napoleón afirmó que Inglaterra era una nación de tenderos; de haber llevado su análisis un poco más lejos podría haber descubierto por qué es también una nación de poetas. Nuestra reciente falta de rigor en la poesía y en todo lo demás se debe a que ya no somos los dependientes de la tienda, sino sus propietarios. Sea como fuere, al parecer no hay duda de que William Blake se crió en la atmósfera típica de la pequeña burguesía inglesa. Se le inculcaron modales y moral a la vieja usanza, pero nadie pensó jamás en educar su imaginación, la cual probablemente se salvó gracias a ese descuido. Se conservan pocas anécdotas de su infancia. Un día se quedó hasta muy tarde en el campo y al volver le contó a su madre que había visto al profeta Ezequiel sentado bajo un árbol. La madre lo castigó. Así concluyó la primera aventura de William Blake en el país de las maravillas del que era ciudadano.

Mientras que su progenitora parece haber sido inglesa, prácticamente no hay duda de que su padre, James Blake, era irlandés. Algunos han encontrado en esa sangre irlandesa una explicación a la potencia de su imaginación. La idea parece plausible, aunque no podría aceptarse sin reservas. Quizá sea cierto que, de estar libre de la opresión, Irlanda produciría místicos más puros que Inglaterra, pero por la misma razón produciría menos poetas. Un poeta puede permitirse ser impreciso, mientras que los místicos odian la vaguedad. Los poetas mezclan inconscientemente el cielo con el infierno, mientras que los místicos los separan, aunque disfruten de ambos. Para decirlo sumariamente: un inglés típico asocia indefectiblemente a los elfos con los bosques de la Arcadia, como Shakespeare y Keats, mientras que el típico irlandés puede imaginar ambas cosas por separado, como Blake y W. B. Yeats. Si algo heredó Blake de su estirpe irlandesa fue la solidez de su lógica. Los irlandeses son lógicos en la misma medida en que los ingleses son ilógicos. Destacan en aquellos oficios para los que se requiere la lógica, tales como las leyes o la estrategia militar. Sin duda, Blake contaba entre sus virtudes la de poseer esa clase de raciocinio. Nada en su pensamiento era amorfo o inconexo. Poseía un esquema que explicaba el universo entero, sólo que nadie más podía entenderlo.

Entonces, si Blake heredó algo de Irlanda, fue su lógica. Tal vez en su elucidación del complejo esquema del misticismo hubiera algo de la facultad que le permite al señor Tim Healy comprender las reglas de la Cámara de los Comunes.

Tal vez en la súbita beligerancia con la que echó al insolente dragón de su jardín hubiera algo de aquello que garantiza el triunfo al soldado irlandés. Pero esa clase de especulaciones son fútiles porque no sabemos si James Blake era irlandés por accidente o por verdadera tradición. Y tampoco sabemos lo que es la herencia: los más recientes investigadores se inclinan a pensar que no significa nada en absoluto. Y no sabemos lo que es Irlanda, y no lo sabremos hasta que, como cualquier otra nación, sea libre para crear sus propias instituciones.

Pero pasemos a cosas más indiscutibles y positivas. William Blake era bajito y delgado, pero tenía una gran cabeza y los hombros más anchos de lo que era natural para su estatura. Existe un bello retrato suyo que muestra un rostro y un cuerpo más bien cuadrados. Digamos que tenía algo del típico hombre cuadrado del siglo XVIII: se parecía un poco a Dantón, aunque sin su estatura; a Napoleón, aunque sin esa máscara de belleza romana; a Mirabeau, sólo que sin la disipación y la enfermedad. Tenía los ojos oscuros y extraordinariamente grandes pero, a juzgar por aquel retrato sencillo y honesto, sus grandes ojos eran aún más brillantes que oscuros. Si entrara de pronto en la habitación (y sin duda lo haría así: de pronto), creo que primero percibiríamos una amplia cabeza a lo Bonaparte y unos hombros anchos también a lo Bonaparte y sólo después nos daríamos cuenta de que el cuerpo que sostiene esos hombros y esa gran cabeza es frágil y delgado.

Su complexión espiritual era, de algún modo, bastante similar: era un tipo raro, pero de sólido carácter. Se podría decir que era decididamente maníaco o decididamente mentiroso, pero de ningún modo voluble o histérico: no era un diletante ni un aprendiz de cosas inciertas. Con su gran cabeza de lechuza y su pequeña figura fantástica debe de haber recordado a un elfo más que a un humano que viajara por la tierra de los elfos. Era, decididamente, un natural de ese plano sobrenatural. En su culto a lo sobrenatural no había fervores obvios ni superficialidades. Lo desconcertante no era su frenesí, sino su frialdad. Desde aquel primer encuentro bajo el árbol con Ezequiel, se refirió siempre a esa clase espíritus en un tono coloquial. En el siglo XVIII campeaba un sobrenaturalismo pomposo; en contraste, el de Blake era el único sobrenaturalismo natural. Muchas personas reputadas juraban haber presenciado algún milagro: él se limitaba a relatarlo. Hablaba de un encuentro con Isaías o con Isabel I no como hechos irrefutables, sino como algo tan obvio que ni siquiera valía la pena discutirlo. Los reyes y los profetas venían del cielo o del infierno a sentarse a su lado y él se quejaba de ellos con toda espontaneidad, como si se tratara de actores un tanto problemáticos. Se enfadaba porque Eduardo I lo interrumpía mientras intentaba conversar con sir William Wallace. Ha habido testigos de lo sobrenatural más convincentes, pero creo que jamás hubo uno más sereno.

Gracias a los cimientos con que la dotó en su juventud, su vida privada se nutría de la misma raíz indescriptible: una especie de inocencia abrupta. Todo lo que el destino le deparó, especialmente en sus primeros años, fue de una rareza plácida y prosaica. Vivió los pleitos y los coqueteos comunes de la infancia y un día cualquiera se puso a hablar con una chica sobre la actitud grosera de otra joven. La chica (su nombre era Katherine Boucher) lo escuchó con aparente paciencia hasta que Blake (según contó ella más tarde) repitió algo que la joven grosera le había dicho, o relató algún incidente que a la señorita Boucher le pareció patético o cruel. «¿De veras le parece cruel? —dijo de pronto William Blake—. Entonces estoy enamorado de usted». Después de una larga pausa, la chica le respondió: «Pues yo también». De este modo súbito y extraordinario se decidió un matrimonio cuya ternura ininterrumpida sería puesta a prueba por una larga vida de alocados experimentos y aún más alocadas opiniones, pero que no se ensombreció jamás hasta el día en que Blake, agonizante y en un insólito éxtasis, pronunció el nombre de ella sólo después del de Dios.

A este período temprano, infantil, romántico e inocente, correspondió la publicación del primero y más famoso de los libros de Blake: *Canciones de inocencia y de experiencia*. Estos poemas son los más juveniles y espontáneos que escribiera jamás; sin embargo, también resultan inusitadamente añejos y recompuestos tratándose de un hombre tan joven y espontáneo. Poseen la cualidad anteriormente descrita: un sobrenaturalismo maduro y consistente. Lo que al lector le resulta extraordinario parece, en cambio, bastante común para el escritor. Una de las características de Blake es que podía escribir poemas de gran perfección: una lírica absolutamente clásica. Ningún autor isabelino o de la época Augusta fue capaz de una precisión como ésta:

¡Ah, girasol, cansado del tiempo,
Que cuentas los pasos del sol …!

[O sunflower, weary of time, | That countest the steps of the sun].

Sin embargo, Blake también se caracterizaba por estar dispuesto a incluir en un poema —por lo demás bastante bueno— versos como los siguientes:

Y la modesta dama contrahecha, que está siempre en la iglesia,
No tendría hijos patizambos ni repartiría ayunos y latigazos

[And modest dame Lurch, who is always at church, | Would not have bandy children, nor fasting, nor birch], que no tienen el menor sentido ni conexión alguna con el poema. Con relación a tal contraste existe un ejemplo aún más evidente: la bella y discreta estrofa en la que Blake describe por vez primera las emociones del aya, madre espiritual de muchos niños:

Cuando se oyen en el verde las voces de los niños
Y llegan a la colina las risas,
El corazón me descansa en el pecho
Y todo el resto está quieto.

[When the voices of children are heard on the green, | And laughing is heard on the hill, | My heart is at rest within my breast, | And everything else is still.]

Pero he aquí un fragmento igualmente discreto que Blake escribió más tarde:

Cuando voces infantiles se escuchan en el prado
Y susurros en el valle,
Los días juveniles surgen frescos en mi mente
Y mi rostro se torna verde y lívido.

[When the voices of children are heard on the green | And whisperings are in the dale. | The days of my youth rise fresh in my mind, | My face turns green and pale.]

El último verso, decididamente monstruoso, también es típico de William Blake. Era capaz de decir que el rostro de una mujer se tornó verde con la misma soltura y y el mismo énfasis con que habría dicho los campos se tornaron verdes bajo su mirada: ésa es la cualidad que resulta más personal e interesante en la inamovible psicología juvenil de Blake. Se enfrentó al mundo con un misticismo eminentemente práctico: vino a enseñar, más que a aprender. Ya de niño rebosaba de información secreta y a lo largo de su vida padeció las deficiencias del que siempre da sin permitirse jamás recibir. El caudal de su propio discurso lo ensordecía. Así se explica que careciera de paciencia aunque no le faltara caridad. Al cabo, la impaciencia le trajo todos los males que suele deparar la falta de caridad: la impaciencia lo hizo tropezar y caer veinte veces en su vida. El resultado fue la desafortunada paradoja de quien vive predicando el perdón y parece, sin embargo, incapaz de perdonar las más nimias afrentas. Él mismo afirmó en un sonoro epigrama:

> Hayley dice perdonar a sus enemigos
> Cuando nunca en su vida perdonó a un amigo

[To forgive enemies Hayley does pretend, | Who never in his life forgave a friend].

Pero esos versos, que sin duda contienen una buena dosis de verdad, pierden fuerza cuando se aplican al propio poeta: el desdichado William Hayley había sido amigo de Blake, que no supo perdonarlo. Aquello no se debió, sin embargo, a la falta de amor o de compasión, sino estrictamente a la falta de paciencia, que a su vez explica la desbordante y casi brutal solidez de convicciones con la que Blake se lanzó sobre el mundo como una bala de cañón al rojo vivo, tan súbitamente como hace un momento lo imaginábamos entrando en una habitación con su gran cabeza de bala por delante. Su cabeza era en efecto una bala: una bala explosiva.

Del resto de sus primeras relaciones sabemos poco. Los padres, a quienes menciona con frecuencia en sus poemas tanto para elogiarlos como para hacerles reproches, son el padre y la madre abstractos y eternos: carecen de características propias. Puede inferirse un singular vínculo emocional con su hermano mayor, Robert, que apareció constantemente en sus visiones y que, al parecer, le enseñó una nueva técnica de grabado. Pero incluso esta inferencia es dudosa, puesto que Blake se topó en sus visiones con la gente más variopinta, gente con la que ni él ni nadie tuvo jamás la menor relación personal, y en este sentido bien pudo aprender la técnica de grabado de Bubb Doddington, o del preste Juan, o del decano de los panaderos de Brighton. Ése es uno de los motivos por los que las visiones de Blake nos parecen genuinas. En cualquier caso, sin importar quién le enseñara una nueva técnica de grabado, no hay duda de que fue un grabador mortal y ordinario el que le enseñó en primer lugar la técnica mortal y ordinaria del grabado común y corriente, que él, a todas luces, aprendió a la perfección. Cuando su padre lo hizo entrar como aprendiz en un taller de grabado en Londres Blake se mostró diligente y capaz. Toda su vida fue muy trabajador, y sus fracasos, que fueron muchos, jamás se debieron a la ociosidad o a la vida desordenada que suele atribuirse a los temperamentos artísticos. Puede que tuviera un humor agrio e intolerante, pero no era ineficiente; aunque tendiera a insultar a sus patrones, por regla general no les fallaba. Pero de este aspecto de su carácter quizá deberíamos ocuparnos después. Su habilidad técnica era muy grande: este hecho y una cierta originalidad atrajeron la atención y el interés del escultor John Flaxman [fig. 1].

La influencia de ese gran hombre en la vida y obra de Blake se ha subestimado gravemente. Las causas de tal error son demasiado complejas para abordarlas aquí, pero se resumen en un malentendido respecto de la naturaleza del clasicismo y la del misticismo. En cualquier caso, sin duda puede afirmarse que Blake siguió siendo un flaxmanista hasta el día de su muerte. Es bien sabido que, como escultor y dibujante, Flaxman representaba el clasicismo en su más diáfana y fría expresión. No admitía en los cuadros ni una sola línea que no hubiera podido estar en un bajorrelieve griego. Evitaba incluso el escorzo y la perspectiva, como si éstos tuvieran algo de grotesco. Y ciertamente lo tienen: bien visto, nada puede ser más gracioso que el hecho de que el padre pueda parecer un pigmeo si está a suficiente distancia del hijo: en realidad, la perspectiva es el lado cómico de las cosas. Flaxman percibió esto vagamente: se rebelaba ante los casi insolentes escorzos de Rubens o de Veronés como se habría rebelado ante las gigantescas botas en primer plano de un fotógrafo aficionado. Para él, en la pintura y el dibujo el gran arte era plano y todo podía lograrse con una simple línea sobre ese plano único. Probablemente Flaxman sea mejor conocido entre el público en general por sus ilustraciones lineales del *Homero* de Pope que, por cierto, reproducen de un modo exquisito las austeras limitaciones de los vasos y relieves griegos [figs. 2-4]. Puede que un mero brazo levantado baste para reflejar la ira o una cabeza baja para insinuar la tristeza, pero los rostros de todos esos dioses y héroes son, como puede adivinarse, tan bellos o tan bobos como los rostros de los muertos. Lo importante, sin embargo, es que la línea no debe jamás ser vacilante o inútil: para Flaxman, una línea que no va a ninguna parte en un dibujo es como una vía férrea que no va a ninguna parte en un mapa.

Ese principio de Flaxman fue también uno de los más sólidos principios de Blake hasta el día de su muerte. No me atrevería a afirmar que lo aprendió de él: sin duda formaba parte de su personal filosofía artística, pero le debe de haber resultado estimulante que su maestro compartiera sus ideas: la influencia de aquel hombre mayor y más famoso debe de haberlo hecho reafirmarse en sus convicciones. Nadie que no se haya dado cuenta de que William Blake era un fanático de la firmeza del trazo está en condiciones de entender sus cuadros ni las distintas alusiones de sus epigramas, sátiras y críticas artísticas. Lo que más amaba en el arte era la lucidez y la decisión en el trazo que pueden verse en los dibujos de Rafael, los Mármoles de Elgin y los más elementales bocetos de Miguel Ángel. Y lo que más odioso le resultaba era lo que hoy llamaríamos «impresionismo»: la sustitución de la forma por la atmósfera, el sacrificio de la forma por mor del matiz, el paisaje nuboso del mero colorista. Con esa impudicia ciclópea que era el signo más asombroso de su sinceridad trataba a los hombres más reputados no sólo como si fueran insignificantes, sino con auténtico desprecio. De este modo discute con las autoridades artísticas en un poema:

> Tendréis que concederme que Rubens era un majadero,
> Sin embargo le habéis hecho gran maestre de vuestra escuela
> Y habéis soltado más dinero por sus baboseos
> Que el que daríais por las mejores obras de Rafael.

[You must agree that Rubens was a fool, | And yet you make him master of your school, | And give more money for his slobberings | Than you will give for Rafael's finest things.]

Y luego, en uno de esos súbitos arrebatos de lucidez que terminaron por convertirlo en una especie de espadachín, acaba con Rubens:

> Tengo entendido que Cristo era carpintero
> Y no mozo de cervecería, mi buen señor.

[I understood Christ was a carpenter | And not a brewer's servant, my good sir.]

En otra sátira reformula la fábula del perro, el hueso y el río,[2] y con un humor admirable permite que el perro se explaye sobre la vasta superioridad pictórica del reflejo del hueso en el agua por sobre el hueso mismo: su sombra delicada

[2] «A los artistas venecianos» («To Venetian Artists»).

y sugerente, rica en tonalidades, frente a la dureza y el academicismo del hueso verdadero. Blake compuso las sátiras más agudas que se hayan escrito jamás sobre los impresionistas, aunque lo hizo antes de que éstos nacieran.

Vista superficialmente, la historia de Blake sería la de un hombre que comenzó siendo un buen grabador y al cabo llegó a ser un gran artista, pero la verdad es más profunda, y la mejor manera de expresarla sería decir que era un buen artista cuya idea de la grandeza consistía en ser un extraordinario grabador. Para él, que el arte de la reproducción pasara por tallar madera o hacer muescas en la piedra no era un mero accidente técnico: prefería pensar que, aunque fuera dibujante, era también escultor, y al ilustrar una página seguramente pensaba que habría sido mejor grabar aquellos trazos en mármol o en piedra. Como cualquier romántico verdadero, amaba lo irrevocable; como cualquier artista verdadero, odiaba la goma de borrar. Tomemos por ejemplo sus ilustraciones del Libro de Job. Cuando acierta, lo hace súbitamente y de lleno, como cuando muestra a los hijos de Dios cantando de alegría [fig. 5]: los mismos hijos de Dios podrían cantar de alegría ante la excelencia de su retrato. Ahora bien, cuando se equivoca lo hace de una manera absoluta e irremediable, como en el horroroso dibujo de Satán danzando entre unas enormes piedras [fig. 6]. Pero ambos dibujos son igualmente definitivos: si uno es irremediablemente malo, el otro es irremediablemente bueno. La valentía (que, junto con la bondad, es la única virtud fundamental) está presente de una manera prodigiosa en los dos: ningún cobarde podría haberlos hecho.

El momento culminante de Blake, tanto en el arte como en la literatura, fue la publicación de una serie de obras alegóricas. Primero apareció *Las puertas del Paraíso* y enseguida *Urizen* y *El libro de Thel* [figs. 7-9]. En ellas mostró por primera vez su técnica de grabado y comenzó a desarrollar su personal estilo de ilustración ornamental que, como el de Flaxman, se caracterizaba por la definición del trazo y el tratamiento severo y heroico. Muchos artistas, aparte de Flaxman, influyeron en el arte de William Blake; la propia personalidad de Blake influyó poderosamente en su arte, pero nada ni nadie consiguió debilitar su estima por el trazo académico. Si el lector observa cualquiera de los dibujos de Blake —varios de los cuales se reproducen en este libro—, verá claramente a qué me refiero. Muchos son horribles, otros, extravagantes, pero ninguno carece de forma, ninguno es lo que hoy se llamaría «sugerente», ninguno, en una palabra, es timorato. Un hombre puede parecer un monstruo, pero un monstruo perfectamente sólido. Si Dios se representa de la manera más equivocada, el error resultante es inequívoco. Por esa misma época, Blake empezó a ilustrar libros y decoró con sus dibujos oscuros, y sin embargo perfectamente definidos, *El sepulcro* de Robert Blair y el Libro de Job. En estas láminas se hace evidente que el artista, cuando yerra, no lo hace por vaguedad, sino por la severidad del tratamiento. La belleza del ángel que toca la trompeta cabeza abajo ante la calavera de Blair [fig. 10] es la de un atleta griego. Y si su belleza es la de un atleta, también su fealdad es la de un atleta... o quizá la de un acróbata. Las contorsiones y posturas exageradas de algunas figuras de Blake no provienen de su ignorancia de la anatomía humana, sino de una especie de alocado conocimiento. Fuerza los músculos y rompe las articulaciones como si fueran los del deportista que compite por un trofeo.

Las ilustraciones de Blake que pueden verse en ese libro se cuentan entre los dibujos más simples y sólidos que jamás salieron de un lápiz que, en sus mejores momentos (para ser justos), tendía justamente a lo simple y lo sólido. Nada hay, por ejemplo, más cómico o más trágico que el hecho de que Blake ilustrara la ingente épica de Blair titulada *El sepulcro*, o bien que Blake y Blair hayan tenido que encontrarse justamente en el sepulcro, que a decir verdad era lo único que podían tener en común. El poeta estaba lleno de los más abrumadores lugares comunes del racionalismo dieciochesco; el artista, de una poesía que le habría parecido aterradora al poeta: heredera de los místicos de todos los tiempos y transmitida de mano en mano hasta los místicos de hoy. Blake fue hijo de los rosacruces y de los misterios de Eleusis y padre de la hermandad prerrafaelita e incluso de la revista *The Yellow Book*. Pero el excelso señor Blair era inocente respecto de todo esto, igual que, con toda probabilidad, lo era el excelso señor Blake. En todo caso, lo que en realidad merece nuestro interés es lo siguiente: que las ilustraciones resultaron eficaces y satisfactorias tanto para Blair como para Blake. La ilustración en que puede verse a un anciano que inclina la cabeza para entrar en la sombría gruta de la tumba, por ejemplo [fig. 11], es un dibujo excelente sin importar su significado, y esa excelencia se debe a su simplicidad. Los yerros, por su parte, se deben siempre a la dureza y a la severidad, nunca a la vaguedad y la fantasía. Blake era más grande que Flaxman, pero también menos ecuánime. Era más duro que su maestro porque estaba más loco. La figura invertida que toca la trompeta es tan perfecta como podría serlo una figura de Flaxman, sólo que está invertida. Flaxman invertido es casi una definición de Blake.

Esta formulación del concepto de arte en Blake, pese a su elementariedad, explica perfectamente esa etapa de su vida. Las convicciones de Blake se formaron y solidificaron inusualmente temprano, de modo que su carrera es casi ininteligible sin sus opiniones, e incluso teniéndolas en cuenta resulta bastante excéntrica. Flaxman lo había introducido en el mundillo literario sobre todo invitándolo a las recepciones de una culta señora de apellido Mathew [fig. 12]. En aquellas veladas,

Blake gozó de reconocimiento intelectual, pero no ganó simpatías personales. La mayoría de sus biógrafos lo atribuyen a la «rigidez de su conducta» y a una sinceridad casi infantil que ciertamente lo caracterizaba. Pese a todo, no puedo evitar pensar que la costumbre de cantar sus poemas al son de melodías inventadas por él mismo debe de haber tenido algo que ver. Sus opiniones sobre cualquier tema no sólo eran tajantes, sino incluso agresivas. Era un republicano feroz y un acérrimo crítico de los monarcas. Sin duda, la señora Mathew estaría acostumbrada a tratar con republicanos feroces que denunciaban a los reyes, pero probablemente no tanto a que alguien insistiera en usar un gorro frigio en las fiestas de sociedad. No obstante, hay que decir que la posición política de Blake, carente de toda mundanidad, se revestía de un pragmatismo excéntrico. Si Tom Paine no terminó en el cadalso se debió en gran parte a la perspicacia de Blake.

Éste no era, ni mucho menos, un poeta sentimental ni un místico bobalicón. Si era un loco, era también un hombre, y el énfasis puede ponerse en uno u otro término. Verbigracia, a pesar de su oficio sedentario y de sus pacíficas teorías, tenía un gran arrojo físico. Y no me refiero al arrojo que solemos asociar a los deportes convencionales, sino a un auténtico desprecio del peligro: una predisposición a enfrentarse a riesgos desconocidos. Era capaz de atacar repentinamente a hombres más corpulentos y fuertes que él, y lo hacía con tal violencia que el asombro terminaba derrotándolos de antemano. Una vez golpeó violentamente a un forzudo carretero que trataba con desconsideración a unas mujeres. Se lanzó sobre un guardia que había irrumpido en su jardín y, para sorpresa del hombre, lo sacó a rastras de su propiedad. Hay que tener en cuenta la furia y la violencia de éstos exabruptos físicos a la hora de juzgar algunos de sus exabruptos mentales. El más grave reproche (de hecho, el único) que puede hacerse a la conducta moral de Blake tiene que ver justamente con su propensión a permitir que la ira se antepusiera no sólo a la decencia, sino a la gratitud y la verdad. Solía maltratar a sus benefactores con tanta vehemencia como a sus enemigos. Difundió numerosos epigramas en los que tachaba de estúpido a Flaxman y acusaba a William Hayley (o cuando menos eso se desprendía de sus palabras) de ser un mentiroso y un asesino. Pero lo curioso es que muy a menudo le hizo justicia a esas personas antes y después de aquellos arrebatos. Me imagino que, en realidad, aquellos escritos no eran otra cosa que arranques. Hablamos de palabras y de golpes; para Blake, las palabras tenían el mismo carácter instantáneo de un golpe. No eran juicios, sino gestos. Jamás se dio por enterado de que *litera scripta manet.* No veía razón para no mostrarse afectuoso con alguien al que había tildado de asesino pocos días antes y se sorprendía ingenuamente de que el otro no le correspondiera. En ese aspecto era, tal vez, más femenino que masculino.

Aparte de Flaxman, en aquellos años conoció y trabó amistad con muchas otras personas notables, entre ellos el gran Joseph Priestley, cuyas especulaciones animaron los comienzos del unitarianismo y cuyas simpatías jacobinas lo llevaron a algo semejante al martirio; y también Godwin, salvajemente optimista, y su hija, Mary Woolstonecroft. Pero esa época le deparó, sobre todo, un mecenas: el señor Thomas Butts [fig. 13], que vivía en la plaza Fitzroy y que debería tener un monumento allí por ser un ejemplo para todos los mecenas. Aunque en muchos aspectos no fue sino un típico comerciante británico, sensato y racional, se aficionó los dibujos alegóricos de Blake. Pero no le hacía encargos, sino que sencillamente le daba dinero para que pudiera pintar. Los temas, dimensiones y técnica de los cuadros quedaban a libre elección del artista. Un día cualquiera Blake podía aparecerse por la casa de la plaza Fitzroy con una pequeña acuarela sobre «El alma de un puercoespín»; al día siguiente, con una gloriosa y compleja ilustración dorada sobre el parto y nacimiento de Caín; después, con una enorme pintura mural en la que pudiera verse a Héctor arrebatando las armas a Patroclo y más tarde con un sencillo dibujo a pluma del profeta Habacuc tomado del natural. El señor Thomas Butts de la plaza Fitzroy recibía todo aquello con evidente benevolencia y lo pagaba con dinero contante y sonante. Pocos escritores y pintores se atreverían siquiera a soñar con tener un protector como ése. Sin duda, aquella generosidad tuvo su recompensa, aunque supuso más una distinción que algo verdaderamente práctico: Blake le profesó a Butts un afecto sereno, ajeno a las tormentas que eran tan frecuentes en el trato con sus demás amistades; no hay, en su poesía, la menor alusión a Thomas Butts como un espectro encaramado a lomos de Satán ni se ha encontrado entre sus papeles ningún epigrama en que acusara al señor Butts de matar a nadie. Sin duda, conservar la paciencia con Blake debe de haber sido un logro (y no precisamente pequeño), pero lograr que Blake no perdiera la paciencia con uno era una auténtica proeza. Y de esto sólo el señor Butts y la señora Blake pudieron jactarse. Blake, por su parte, conocería poco después a un patrón que le enseñaría a distinguir la amabilidad de la condescendencia.

En el año 1800, una mudanza supuso un hito en su vida. Blake era todo un londinense, aunque lo haya sido en una época en que Londres era suficientemente pequeña como para que en todas partes se sintiera la vecindad del campo. Pero el caso es que Blake jamás había experimentado lo que era estar de verdad en el campo. En sus primeros poemas encontramos serafines que revolotean entre los árboles, pero algo nos dice que se trata de árboles de jardín. Hay santos y sabios que pasean por las praderas, pero sentimos que se trata de praderas recubiertas de adoquines. El paisaje perfecto es pastoral en la medida en que se ajusta a la convención, pero de ningún modo posee el aroma del campo inglés. Una escena campestre no es más autóctona que un paisaje citadino. El negro deshollinador es tan tópico como la blanca ovejita, y lo que es peor: la blanca ovejita inglesa no es más natural ni autóctona que el dorado león africano. Blake, como Keats, era un *cockney* y, como especie, los *cockneys* tienden a ver la vida de un modo exageradamente poético e imaginativo. A Blake, el entorno concreto le afectaba menos que a cualquier otro hombre que haya habitado jamás en el mundo. Y aun así, cuando su entorno cambió, él cambió también.

Por aquella época, cerca del pequeño pueblo de Eartham, en Sussex, vivía un terrateniente simple y bien intencionado, aunque relativamente importante, llamado William Hayley [fig. 14]. Era propietario y aristócrata, pero su vanidad no se satisfacía del todo con el desempeño de tales funciones. Se consideraba un mecenas de la poesía, y ciertamente lo era, pero, ¡ay!, tenía una idea alarmante: se creía poeta. Si alguien más compartió esa creencia en los tiempos en que el señor Hayley se dedicaba a administrar sus tierras y a ir de cacería es difícil saberlo a estas alturas. Baste la certeza de que hoy en día nadie lo cree. «Los triunfos del temperamento», el único poema de Hayley que podría venir a la memoria de un lector contemporáneo, se recuerda tan sólo porque se usó para rematar de modo satírico una de las frases más citadas de los *Ensayos* de Thomas Macaulay. Sin embargo, en tiempos Hayley fue un hombre poderoso y relevante, aún invicto como poeta y absolutamente invencible como terrateniente. Por fortuna, al igual que casi todos los oligarcas ingleses —por demás indefendibles—, poseía un desproporcionado buen natural que de algún modo compensaba su evidente incapacidad e ineptitud. Su corazón estaba en el lugar correcto, aunque él estuviera el lugar equivocado. A este inocente y risueño patrono de las artes, demasiado satisfecho de sí mismo como para ser arrogante, demasiado solemnemente pueril para ser un cínico, demasiado a sus anchas como para dudar de sí mismo o de los demás, Flaxman le presentó, o mejor dicho le lanzó, la bala de cañón al rojo vivo llamada Blake. Me pregunto si Flaxman se habrá reído, aunque la risa deforma y estropea la pureza de líneas del perfil griego.

Hayley, que a su manera fue tan munificente como Mecenas (y sospecho que, a su vez, Mecenas sería tan estúpido como Hayley), le obsequió a Blake una cabaña en Felpham, a unas pocas millas de su propia casa, un lugar del que Blake se enamoró casi literalmente. Escribió sobre aquella casita como si jamás hubiera visto antes una casa de campo inglesa, y quizás así era. «Nada —exclama en una especie de éxtasis— puede competir con su sencillez y utilidad. Simple y sin complicaciones, parece la más espontánea expresión de la humanidad, a tono con las necesidades del hombre. Ninguna otra casa podrá jamás gustarme tanto». Y probablemente sea cierto que ninguna otra casa le procuró mayor placer. Todo aquello que es puro y cortés en su poesía y su filosofía floreció bajo los vientos que van y vienen entre las nobles colinas de Sussex y el mar. Blake fue siempre feliz porque tenía un Dios, pero allí se sintió casi satisfecho.

Por aquella época se cirnieron sobre la cabeza de Blake primero los comienzos y después la oscuridad creciente del Terror francés. Blake se vio entonces en un mundo en el que nadie, ni siquiera él, podía atreverse a pasear con un gorro frigio. Más aun, como la mayor parte de los hombres de genio de su época y escuela, como Colleridge y Shelley, parece haberse sentido algo asqueado ante la feroz realidad de la tragedia francesa y, de un modo un tanto irracional, luego de haber urgido a los rebeldes a la lucha, les reprochó que mataran gente. Si la Revolución decepcionó a revolucionarios sinceros como

Blake y Coleridge, el gobierno inglés y la clase gobernante se opusieron a ella con desesperada firmeza. La gente habla del reinado del Terror en Francia pero, teniendo en cuenta los distintos temperamentos nacionales y los muy distintos peligros que la Revolución representaba para las dos naciones, las situaciones de ambos países eran muy parecidas: en Inglaterra también reinaba el terror. Cualquier aristócrata podía ser condenado a la servidumbre (que ellos consideran peor que la guillotina) si decía que el príncipe regente estaba gordo. El terror inglés era tan cruel como el de Robespierre, pero más cobarde, y nuestra patrulla de reclutamiento forzoso era tan cruel como la leva, aunque más cobarde. El gobierno no perdió ocasión de asestarle un golpe al enemigo como por accidente ni de poner fuera de combate a un jacobino utilizando algún resquicio de la ley. Se persiguió a mucha gente, incluyendo a Blake.

Cierta mañana de agosto de 1803, éste salió a su jardín y se encontró allí a un miembro del Primer Regimiento de Dragones vestido con su uniforme escarlata y observando el paisaje con aire de suficiencia. Blake manifestó su deseo de que el soldado saliera de su jardín y éste, «entre imprecaciones abominables», manifestó su deseo de cerrarle la boca a puñetazos. Entonces, con desconcertante violencia, Blake saltó sobre el hombre aquel, lo cogió por detrás por ambos codos y lo arrastró fuera del jardín como quien empuja el cochecito de un niño. El hombre, que probablemente estaba borracho y que sin duda se vio sorprendido, se fue de allí lanzando toda clase de acusaciones, aunque ninguna de naturaleza política. Momentos después, sin embargo, reapareció llevando consigo una grave denuncia firmada en la que acusaba a Blake de haber pronunciado estas improbables palabras: «Maldito sea el rey y todos sus súbditos, y malditos los soldados, esclavos suyos: cuando Bonaparte llegue, les cortará el cuello uno a uno y yo le ayudaré». Cualquier crítico imparcial se sentiría inclinado a opinar que muy pocas personas estarían en condiciones de pronunciar generalizaciones políticas semejantes al tiempo que llevan en vilo hasta la puerta a un miembro del Regimiento de Dragones, y nadie alegó jamás que el incidente durara más allá de medio minuto. Es posible, incluso probable, que Blake haya pronunciado la palabra «maldito», pero me imagino que el resto de la frase se originó en la mente del tipo. Aunque la mayoría de los biógrafos de Blake trata el caso como un mero incidente, yo difícilmente podría estar de acuerdo. El asunto parece implicar más que una simple coincidencia. ¿Por qué no entró el dragón en otra propiedad? ¿Por qué no le tocó a otro poeta lidiar con aquel soldado? Llama la atención que el hombre del gorro frigio rojo tuviera que enfrentarse al hombre de la casaca roja. En aquella época reinaba la tiranía, y las tiranías están siempre llenas de pequeñas intrigas. De ningún modo es imposible que la policía —como la llamaríamos hoy— haya buscado tenderle una trampa a Blake. Entonces, sin embargo, entró en escena algo que en Inglaterra es más poderoso aun que la policía. Hayley, pero no el pequeño Hayley, autor de los «Triunfos del temperamento», sino el colosal Hayley, señor de Eartham y Bognor, apareció en el tribunal con el aristocrático encanto de un accidente de caza. Defendió a Blake con la generosidad y el buen sentido del que suelen hacer gala los hombres de su clase en ocasiones como ésa y Blake fue absuelto. Se dijo que la evidencia no era concluyente, pero tengo la impresión de que, en caso de que Haley no hubiera aparecido por allí, lo habría sido sin duda.

Es lamentable, sin embargo, que esta noble acción de Hayley coincidiera con la disolución de sus lazos con Blake. «Las visiones se enemistaron conmigo en Felpham», dijo el poeta: fue su modo de decir que estaba un tanto aburrido de la benevolencia de la aristocracia inglesa. «Las voces de los seres celestiales no se oían mejor, ni sus formas se veían con mayor nitidez» en los territorios del señor de Ertham que en los del señor Butts de la plaza Fitzroy, y Blake regresó abruptamente a Londres y se estableció en las proximidades de la calle Oxford. Inmediatamente comenzó una obra de prometedor título: *Jerusalén, la emanación del gigante Albión*. En mi opinión, el distanciamiento de Blake con Hayley tuvo algo de patético porque supuso que el primero cayera de inmediato en manos de una clase mucho más desagradable de capitalista. En lo que respecta a sus mecenas, el pobre Blake fue sin duda de mal en peor. Butts era prudente y simpático, Hayley, honesto y tonto. Su último protector, por su parte, parece haber sido algo muy semejante a un estafador.

El nombre de este benévolo ser era Richard Hartley Cromek [fig. 15], nativo de Yorkshire y editor. Encontró a Blake sumido en la pobreza, luego de su ruptura con Hayley (él y su esposa vivían con diez chelines a la semana). Su estrategia era de lo más simple y artística: solía ir a ver a Blake y asegurarle que estaba dispuesto a encargarle un cierto número de grabados, con lo que lograba que Blake se entusiasmara y le mostrara distintos bocetos. Entonces cogía esos bocetos y se los llevaba a otro grabador. El procedimiento terminó por irritar a Blake. Resulta grato descubrir que éste le dedicó precisamente a Cromek el mejor de sus epigramas:

> Conocí cierta vez a un granuja vil, un ladrón…
> Ah, señor Cromek, ¿cómo está usted?

[A petty sneaking knave I knew— | O! Mr. Cromek, how do you do?]

Ahora bien, como era de esperarse en el caso de Blake, su ira no estalló ante la más obvia de las jugarretas de Cromek, sino ante la más más enrevesada de todas. El editor había visto un boceto de Blake para los *Cuentos de Canterbury* de Chaucer y le encargó que lo completara. Días después, acudió al taller del famoso pintor Thomas Stothard y le propuso el mismo tema. Stothard terminó primero y su trabajo apareció antes que el de Blake. Esto propició uno de los peores ataques de ira de este último, y también una de sus mejores prosas.[3]

Un colega artista dijo de Blake, con hermosa sencillez: «Es un buen hombre al que robar». El comentario es tan filosófico como práctico. Blake llevaba el signo de la verdadera riqueza intelectual: todo lo que se le caía de las manos era digno de recogerse. Lo que tiraba a la basura valía perfectamente medio penique o un soberano. Es más, incitaba al robo incluso en un sentido más profundo, pues su riqueza mental se expresaba, por así decirlo, del modo más concentrado posible. Resulta más fácil robar medio soberano en oro que en monedas de medio penique. Blake literalmente rebosaba de ideas, pero eran ideas que requerían desarrollo. En su mente y en su obra aparecían demasiado comprimidas para ser inteligibles: eran demasiado breves incluso para considerarse ingeniosas. Y así como un ladrón puede robar un diamante y convertirlo en veinte propiedades, el que plagiaba a Blake podía robarle una frase y transformarla en veinte volúmenes. Robar un epigrama de Blake valía la pena por tres razones: primero, porque la frase original sería tan breve que su sustracción no dejaría un agujero evidente; segundo, porque sin duda sería universal y sintética, aplicable a una generalidad de cosas; tercero, porque sería tan ininteligible que nadie sería capaz de reconocer su origen. Podría poner innumerables ejemplos de lo que intento decir, pero uno basta: en mitad de un extenso poema, tan deshilvanado que resulta razonable dudar que se trate de uno solo y el mismo (me refiero al que comúnmente se titula los «Augurios de inocencia»), Blake introduce estos versos:

[3] «Public Adress» (Declaración pública).

> Cuando el oro y las gemas adornan el arado
> A las artes pacíficas se les rinde pleitesía.

[When gold and gems adorn the plow | To peaceful arts shall envy bow.]

Un hombre honrado y poco atento apenas repararía en ellos; un ladrón convenientemente apercibido podría convertirlos en una novela tan entretenida y simbólica como *Los viajes de Gulliver* o *Erywhon*. La idea es, obviamente, que por alguna razón seguimos considerando más nobles las herramientas de destrucción que las de producción simplemente porque las artes decorativas se han concentrado en unas y no en otras. El mango de una espada puede ser de oro, pero no hay arado que posea algo parecido. Existe una Espada del Estado, pero no hay tal cosa como una Guadaña del Estado. Algunos hombres acuden a los tribunales portando espadas de imitación, pero casi nadie se presentaría llevando un mayal de imitación. Resulta fascinante imaginar qué fantástica historia podría escribirse a partir de la citada insinuación de Blake, pero él no escribe tal historia, sino que sólo la insinúa, y tan apresuradamente que de hecho resulta difícil de advertir incluso como insinuación.

La mayoría de los pleitos de Blake se debieron a asuntos triviales y hasta vergonzosos. Pero en su disputa con Cromek y Stothard se erige en un verdadero paladín de todo aquello que es heroico e ideal y se muestra inequívocamente contrario a lo mundano y deshonesto. El célebre Stothard se hallaba entonces en la cúspide de su precoz éxito; ocupaba, con relación al arte y a la sociedad, el lugar que hoy le correspondería a Frederick Leighton. Igual que Leighton, Stothard era un experto dibujante; su sensibilidad poética no era grandiosa, pero sí genuina, y muy pronto se dio cuenta de que la finalidad del arte era agradar. De él, Ruskin dijo con gran acierto (he olvidado las palabras exactas) que sus rosas no tenían espinas.

Pero la tersura de su estilo apunta a la inocencia, más que a la autocomplacencia; su obra muestra una timidez de niña, más que un convencionalismo cobarde. Era un verdadero artista, aunque poseyera un estilo un tanto afeminado. Por otra parte, no hay razón para dudar de que su carácter era tan cándido y bonachón como sus cuadros. Puede ser que haya comenzado sus *Cuentos de Canterbury* sin que mediara propuesta de parte de Cromek o que haya aceptado el encargo de este último sin saber que la idea había provenía de Blake. No hay duda de que Cromek se portó mal con Blake, pero no existen pruebas de que Stothard hiciera lo mismo. Blake, sin embargo, no tenía la costumbre de esperar pruebas en casos como éste. Como digo, Stothard pudo haber estado moralmente libre de culpa pero, desde el punto de vista intelectual y crítico, cometió un grave error, como Blake señaló en un panfleto que, aun desvirtuado aquí y allá por su insólita malicia, constituye una sólida y poderosa contribución a la crítica artística y literaria.

Stothard, el elegante caballero, el hombre sensible, el esteta del siglo XVIII, dirigió su condescendiente mirada a la Edad Media. Pertenecía a una época y a una escuela que sólo supo mirar la Edad Media a la luz de la luna. Los peregrinos de Chaucer eran para él los protagonistas de una mascarada de hipocresía y superstición cuyo único interés, a esas alturas, consistía en lo cómico o anticuado de su atuendo [fig. 16]. El monje era divertido porque era gordo; la esposa de Bath, porque era alegre; el caballero, por su acicalamiento, etcétera, etcétera. Blake sabía tan poco de la Edad Media como Stothard, pero sabía de la eternidad y del hombre: bajo toda aquella indumentaria, veía la imagen de Dios. Y en un arrebato de ira que sería más justo describir como un arrebato de nobleza, hizo trizas la frivolidad de anticuario de Stothard y lo emplazó a que mirara con apropiada reverencia las grandes creaciones de un gran poeta [fig. 17]. Stothard había mostrado al joven caballero de Chaucer como un petimetre; Blake hace notar, con gran agudeza crítica, que la hermosura del atuendo de aquel hacendado no es sino el toque final a su juventud, alegría y entereza; que, lejos de ser un petimetre, es un hombre serio, galante y multifacético que disfruta de los libros, entiende de música y es duro e intrépido en el campo de batalla, y al cabo recuerda que Chaucer lo describe claramente como humilde, reverente y lleno de respeto filial. Que por culpa de un encaje o una pluma un hombre así fuera visto como un petimetre constituía para Blake una prueba de la mezquina superficialidad de las ideas de su rival. Si Stothard hablaba de «la joven esposa de Bath», Blake nos recuerda que, para el momento en que transcurre la historia, ésta había tenido ya cuatro maridos distintos, y que —tal como advertimos en el cuadro de Blake— era una mujer desvergonzada, escandalosa y lasciva, de edad bastante avanzada, aunque de gran vitalidad y humor. Stothard representa al clásico monje cómico de las ilustraciones convencionales, con cuerpo de barrica rebosante de vino. Blake, en cambio, lo muestra no sólo como un hombre hecho y derecho, sino como alguien capaz de inspirar a otros; no exento de pecados carnales, pero con dignidad y autoridad. De hecho, frase tras frase, Blake no deja de recordarle a su oponente que, al penetrar en el mundo de Chaucer, no se está entrando en un baile de gala, sino en un templo presidido por las imágenes eternas y colosales de los dioses del bien y del mal. A Stothard, los personajes de Chaucer le interesaban en tanto arquetipos muertos, a Blake, en tanto arquetipos inmortales. En muchos de los cuadros de Blake puede verse una figura monótonamente recurrente: un anciano monstruosamente musculoso cuyos cabellos y barba parecen una tormenta de nieve, pero cuyas extremidades parecen troncos de árboles jóvenes. He ahí el concepto raigal de Blake: el Anciano de los Días; aquello que es viejo con todo el horror de su pasado, pero al mismo tiempo joven con toda la energía de su futuro.

No me excusaré por haberme extendido en este punto en una biografía de Blake: se trata del asunto más importante. Vale la pena describir este pleito entre Blake y Stothard porque se trata de una querella auténticamente simbólica, de interés para el mundo artístico y de gran importancia para el destino del arte. Un pleito entre un artista que es también un poeta y otro que no es más que un pintor. En muchos bocetos que son meros ejercicios técnicos, Blake se muestra como un artista más osado y mejor que Stothard; sin embargo, debo admitir que, al igual que muchas otras personas, considero que los *Cuentos de Canterbury* de Stothard son, en tanto dibujos o pinturas, mejores que los de Blake. De todas formas, esto sólo confirma mi argumento: se trata del duelo entre el artista que no desea otra cosa que ser artista y el que tiene una ambición mayor y un propósito más difícil de alcanzar: ser un hombre, es decir, un arcángel. En otras palabras: la pregunta es si el artista debe tener una vocación de universalidad o si debe concentrarse en ser un especialista. Contra el especialista, contra aquel que sólo estudia arte o electricidad, o violín, o cómo chasquear los dedos, o cualquier otra cosa, sólo hay un argumento de peso, y éste, por una u otra razón, no se esgrime jamás. Se dice que los especialistas son inhumanos, pero eso es injusto. Se dice que un experto no es un hombre auténtico, pero eso es cruel y es falso. El verdadero problema del especialista, del experto, es aún más singular y fascinante. No se trata de que no sea humano, sino de que en aquello en lo que no es experto resulta un hombre demasiado ordinario o común. En todo aquello en lo que no es un sabio es decididamente ignorante. Allí radica la gran falacia de la «imparcialidad» de los hombres de ciencia: si los científicos no tuvieran ideas ajenas al ámbito de su trabajo científico todo estaría bien, al menos para el resto del mundo. Pero la verdad es que, aparte de sus ideas científicas, poseen las ideas más vulgares y más sentimentales que podamos imaginar; ideas que, para colmo, comparten con otras personas de su mismo estatus. Estaría bien que un biólogo no tuviera ideas sobre el arte o la moral, pero lo cierto es que participa de todas las ideas equivocadas sobre el arte y la moral que circulan entre la élite de su tiempo. Si el profesor John Tyndall no hubiera tenido opiniones políticas, no habría hecho tanto daño con sus ideas acerca de la evolución. Pero desafortunadamen tenía ideas políticas, y de la más baja estofa, producto del sectarismo de sus ancestros de Orange; y éstas ideas han emponzoñado la evolución hasta nuestros días. En resumen, el peligro del artista puramente técnico o del experto consiste en transformarse en un *snob* y en un torpe hombre promedio en todo aquello que no esté relacionado con su objeto de estudio. En todo aquello en que no es extraordinario, el experto es un hombre ordinario particularmente estúpido. El mero hecho de que haya estudiado las ametralladoras para luchar contra los franceses prueba que no ha estudiado a los franceses. Por lo tanto, no sería raro que dijera que comen sapos. El mero hecho de que haya aprendido a pintar los destellos de la luz en las armaduras medievales serviría de prueba de que no ha estudiado la filosofía medieval. Por lo tanto, quizá suponga que los barones medievales no hacían otra cosa que mandar a sus vasallos a las mazmorras que había bajo el foso del castillo. Durante todo el siglo XVIII y comienzos del XIX, el arte, quiero decir el arte pictórico, resultó muy afectado a causa de este convencionalismo y esta escasez de cultura en los artistas. La gente insiste en la pedantería que suele acompañar el conocimiento de los expertos, pero lo que en verdad resulta desastroso para la humanidad es la ignorancia de los expertos. En el período del que hablamos, los expertos en pintura rebosaban de ignorancia. Los primeros ensayos de William Thackeray abundan en denuncias de que el verdadero problema de los pintores consiste en que sólo saben pintar. Si se hubieran limitado a los temas poco importantes o incluso insignificantes, si hubieran pintado al burro más próximo o un poste de alumbrado público, nadie se quejaría. Pero justamente porque se sabían expertos cayeron en la trampa del sentimentalismo *snob* de su época; insistieron en pintar todas aquellas cosas sobre las cuales habían leído en libros de historia baratos y en novelas melodramáticas. Como Thackeray escribió memorablemente respecto de Charles Gandish:[4] pintaban a la reina Boudicea y después afirmaban que, gracias a sus «investigaciones históricas», habían descubierto la historia del rey Alfredo y las tortas quemadas. En otras palabras, el experto no escapa jamás a su tiempo: sólo se expone a sus más mezquinas y obvias influencias. El especialista no evita tener prejuicios, más bien se especializa en los prejuicios más banales y torpes.

Stothard es un representante típico de este tipo de ignorancia nacida de la técnica. Fue un ejemplo notable del hombre sumamente cultivado y al cabo profundamente ignorante. Se pasó la vida buscando suavizar las líneas que se torcían abruptamente e intentando que las sombras estuvieran en el lugar preciso; jamás tuvo tiempo de entender aquello que dibujaba, excepto en sus connotaciones más básicas y convencionales. Alguien le sugirió que dibujara peregrinos medievales —es decir, vigorosos arquetipos de la edad de oro de la civilización europea en el momento en que ésta aceptaba la religión de Europa—, pero él, que era el único que podía dibujarlos correctamente, era el más propenso a verlos del modo equivocado. Como hombre moderno, recogía la verdad de los

[4] Véase William M. Thackeray, *The Newcomers* (Los recién llegados), cap. XVII, «A School of Art» (Una escuela artística).

periódicos porque no tenía tiempo siquiera de leer enciclopedias. Había aprendido a pintar armaduras y escudos de armas, no podía esperarse que además las entendiera. Había aprendido a dibujar un caballo, era demasiado tarde para pedirle que aprendiera a montar. Su oficio era, de un modo u otro, sencillamente pintar, así que en Chaucer sólo veía lo pintoresco.

Frente a esta clase de artista decididamente técnico ha existido siempre otra: la clase de artista que era Blake. Miguel Ángel era esa clase de artista, y Leonardo da Vinci, y también algunos místicos franceses y, en Inglaterra, más recientemente, Dante Gabriel Rossetti. Como pintor y artista, Blake pertenecía a ese pequeño grupo que hace algo más que pintar. Pero sin duda ése es un modo inadecuado de plantear el asunto. Resulta más apropiado decir que Blake era uno de esos escasos pintores que entienden el tema tan bien como la pintura en sí. Ya he dicho que la versión de Stothard de los *Cuentos de Canterbury* es, desde un punto de vista puramente técnico, mejor que la de Blake. Ciertamente, no hay nada que decir en contra de la pintura de Stothard, excepto que no tiene nada que ver con los *Cuentos de Canterbury*. Blake (para resumir en lo posible la cuestión) pertenecía a la tradición de las mejores y más fundadas ideas acerca de Chaucer; Stothard era heredero de las peores y las más dependientes de la moda. Nada de esto carece de implicaciones morales, y en este sentido afecta las discusiones acerca de la moralidad o inmoralidad del arte. Si el arte pudiera sustraerse a toda moral no habría ningún problema, pero la verdad es que, a menos de que sea moral, el arte no sólo no puede evitar ser inmoral, sino que no puede evitar serlo del modo más tópico, elemental y prosaico. En el futuro, los reconcentrados artistas que se rehúsen a ser algo más pasarán a la historia como la encarnación de toda la vulgaridad y banalidad de su época. La gente señalará los cuadros de John Singer Sargent o de James Jebusa Shannon y dirá: «Miren cómo logró representar toda la hipocresía de la clase media a comienzos del siglo XX».

En cualquier caso, ahora podemos volver a las relaciones de Blake con su último patrón desde un punto de vista más general. Empleando una frase involuntariamente humorística, el señor Cromek acusó a Blake de «carecer de la más elemental cortesía». Ciertamente, la cortesía no era precisamente el punto fuerte de Blake; sin embargo, la cortesía «elemental», tal como la entendía Cromek, tampoco era muy común... por suerte. Consistía en entregarle al artista una guinea por boceto dándole a entender que obtendría mucho más a cambio del grabado y después encargar el grabado a otra persona que le cobrara casi nada. A Blake, como hemos dicho, le irritaba esta estafa de naturaleza sorprendentemente simple. Frente a casos como ése, la locura y la astucia se mezclaban de un modo particular en él. Pertenecía a la clase de artista al que un editor cualquiera creería, en un momento dado, más vago y escaso de miras que el común de los poetas y, al momento siguiente, más ávido y codicioso que cualquier agente literario. A veces se situaba por encima de su enemigo comercial, a veces por debajo, pero jamás a su nivel: era imposible saber dónde se hallaba exactamente. La carta de Cromek constituye un documento humano de extraordinaria honestidad e interés. Por única vez en su vida, el editor de Yorkshire alcanza niveles que llamaríamos poéticos. Describe a Blake como «una mezcla de serpiente y paloma». Probablemente no se daba cuenta de que, según el Nuevo Testamento, aquello constituía un elogio. Lo único cierto, me imagino, es que el pintor y poeta resultó demasiado para el editor. Creo que Cromek habría estado siempre dispuesto a disculpar a Blake si éste se mostraba inofensivo como una paloma, pero era de esperarse que al menos una vez mostrara la sabiduría de la serpiente.

Blake se liberó de aquella esclavitud con la ayuda del último y el más humano de sus mecenas, un joven llamado John Linnell, paisajista y amigo del gran William Mulready. Resulta extraordinario pensar que era lo bastante joven como para morir en 1882, habiendo leído en los diarios algunas de las últimas cruzadas de William Gladstone, teniendo en cuenta que en su momento había leído las últimas cruzadas de Blake en sus Libros Proféticos. Este hombre, Linnell, protegió a Blake en sus últimos años como lo habría hecho una tienda de campaña en el desierto. Blake jamás tuvo malas relaciones con Linnell, igual que nunca las tuvo con Butts. Sus arranques habían dado al traste con la paciencia de muchos amigos pero, en mi opinión, para entonces estaba demasiado cansado para pelear. Bajo el auspicio de Linnell comenzó a ilustrar profusamente a Dante, pero creo que nadie esperaba que viviera para completar esa tarea.

Su última enfermedad sobrevino con lentitud, y al parecer ni siquiera la notó. No interrumpió sus proyectos pictóricos y, al tiempo que la fuerza de éstos crecía, a él parecía no importarle sentirse cada vez más débil. Uno de sus últimos dibujos fue también uno de los más potentes: la tremenda imagen del Todopoderoso inclinado hacia adelante en un indescriptible escorzo para trazar los cielos con un compás [fig. 18]. Nadie sino él fue capaz de expresar más acertadamente el fundamento mismo de su teísmo: que Dios, infinitamente gigantesco, debía ser tan concreto y tan sólido como un gigante. Con frecuencia había dibujado hombres del natural, y con frecuencia también había dibujado cadáveres del natural; en este caso, y en consonancia con sus convicciones, podría decirse que dibujó a Dios del natural. Cuando terminó el retrato (que ejecutó sentado en su lecho de enfermo) exclamó alegremente: «¿Qué podría dibujar después de esto?». Sin duda debió devanarse los sesos en busca de algún espíritu superlativo o de un arcángel que no resultara trivial después de aquella imagen. Entonces, sus ojos inquietos (esos ojos redondos y brillantes que contemplamos siempre agitados en sus retratos) se posaron sobre la frágil y hasta fea mujer que había sido su compañera por tanto tiempo, la llamó y le dijo: «Catherine, para mí has sido como un ángel; te dibujaré a ti». Y dejando a un lado el boceto de Dios midiendo el universo, comenzó a dibujar diligentemente un retrato de su esposa que desafortunadamente se perdió, pero que debió parecerse en lo fundamental al notable dibujo que un amigo suyo hizo meses después: el retrato de una mujer al mismo tiempo ordinaria y distinguida, con un rostro de lo más gracioso, amable y severo a la vez [fig. 19]. Para cuando aquel amigo dibujó ese retrato, William Blake ya había muerto.

Sea cual fuere la explicación, es seguro que Blake en su lecho de muerte disfrutó de una alegría más auténtica que la que pueda haber disfrutado cualquier otro hijo de Adán. Hemos sabido de hombres que en su lecho de muerte cantan himnos con voz baja y lastimera, el caso de Blake fue muy distinto: la propia habitación se estremecía con su canto. Todas sus canciones eran en alabanza a Dios, y aparentemente nuevas: todas eran canciones de inocencia. Cada cierto tiempo paraba y le gritaba a su esposa: «¡No son mías! ¡No son mías!», en una especie de extática explicación. Verdaderamente parecía estar esperando que la muerte abriera sus puertas, tal como un niño esperaría que las puertas de la despensa se abrieran para él de par en par el día de su cumpleaños. Parecía esperar genuina y solemnemente que se oyeran los cascos de los caballos de la muerte, igual que un niño esperaría oír los cascos de los renos de Santa Claus en Navidad. En sus últimos momentos habitó en ese hermoso mundo de blancura en el que el blanco es aún un color. Habría podido aplaudir ante un copo de nieve y cantar ante las blancas alas de un ángel en el momento en que su propio rostro se tornó blanco con la llegada de la muerte.

Y ahora, tras la debida pausa, alguien sin duda se planteará una pregunta muy difundida que debemos responder. Como muchas otras preguntas que calan entre la gente, se trata de una pregunta profunda y sutil. Planteémosla de un modo simple, como lo haría el instinto popular: «¿Estaba loco William Blake?». Por supuesto, sería fácil responder, a la elusiva manera moderna, que todo depende de cómo definamos la locura. Si hablamos en un sentido práctico o legal —que quizá sea el modo más útil—, si nos preguntamos si William Blake era incapaz de cuidar de sí mismo, de cumplir con sus deberes cívicos o de administrar propiedades, entonces no hay duda de que la respuesta es no. Blake era un ciudadano e incluso podía ser un buen ciudadano. A pesar de sus dificultades en el manejo de su patrimonio, fue capaz (cuando se lo propuso) de acumular un patrimonio considerable. Por lo general se conducía como una persona seria, y cuando no era así no se debía a una imbecilidad infrahumana ni a una abstracción sobrehumana, sino a un malhumor que sólo podría calificarse de perfectamente humano. Ahora bien, si cuando preguntamos si Blake estaba loco nos referimos a si estaba enfermo, si su alma se había separado del mundo y simplemente se alimentaba de sí misma, la respuesta es de nuevo un no rotundo. Blake no sufría de ninguna tara: percibía todos los sonidos y los aromas del universo y estaba libre del único elemento maligno que es casi universal entre los locos mórbidos: el secretismo. Y de nuevo, si por locura nos referimos a que era incoherente o irrazonable, entonces Blake no estaba en absoluto loco: fue uno de los hombres más coherentes que haya vivido jamás, tanto en las cuestiones teóricas como en las prácticas. Puede que se haya equivocado mucho, pero no era irrazonable. Sobre la base de su propia teoría de las cosas, era tan calmado y científico como Herbert Spencer. Si bien era enormemente vanidoso, tenía la vanidad alegre e impetuosa de los niños y no el orgullo arrinconado de los maníacos. En todos estos sentidos podemos afirmar confiadamente que la locura de este hombre no era, al menos, evidente o total. Ahora bien, si lo que nos preguntamos es si no había algún grado de locura en él, si su razonamiento, usualmente correcto, no era objeto de alguna clase de influencia exterior que lo perturbara, entonces estamos planteando una pregunta muy distinta y, a menos que me equivoque, precisamos una respuesta muy diferente.

Cuando se hacen a un lado los errores torpes y se tienen en cuenta las ideas místicas, aparece un sentido en el que Blake estaba loco. Se trata de un sentido inequívocamente práctico, igual que el que antes nos persuadió de su cordura. Es válido para casi todos los aspectos de su personalidad y de su extraordinaria carrera: si había algo en él que hacía pensar en la locura, aquello era perfectamente consistente con su punto de vista y su personalidad. La gente dice que hay que conocer a la gente cuando está ebria para entenderla sobria: el Blake loco es una vía de comunicación con el Blake cuerdo.

Cuando Blake vivía en Felpham, los ángeles parecían revolotear entre los árboles de Sussex con tanta naturalidad como los pájaros. Los patriarcas hebreos caminaban por las colinas con el mismo desparpajo con que alguna vez lo hicieron por el desierto. Algunos se contentarán con decir que esa simple profusión de milagros permite reconocer en este hombre a un loco o a un mentiroso, pero ese atajo, propio de un escepticismo dogmático, no se halla muy lejos de la temeridad. Evidentemente, no se puede tomar una cuestión abierta, como la cuestión de lo sobrenatural, y cerrarla de un solo golpe echando la llave del manicomio a todos los místicos de la historia. Decir que alguien está loco porque ha visto fantasmas es, literalmente, un modo de persecución religiosa. Implica negar su dignidad de ciudadano sólo porque no encaja en la teoría que uno tiene del cosmos. Supone privarlo de sus derechos a causa de su religión. Resulta tan intolerante decirle a una anciana que es imposible que sea una bruja como decirle que sin duda lo es. En ambos casos, cierta teoría de las cosas se blande de manera inexorable contra la sinceridad o la cordura del testimonio de alguien. Un dogmatismo tal debería ser tan inaceptable para quien se diga agnóstico como para quien se llame a sí mismo espiritista. No se puede, hablando de esa región que llamamos «lo desconocido», decir simplemente que, aunque no sepamos nada de ella, sabemos que sus puertas están cerradas a cal y canto. No se puede decir: «Esta isla no ha sido descubierta aún, pero estoy seguro de está rodeada de acantilados y no tiene ningún puerto». En esa falacia cayeron Herbert Spencer y Aldous Huxley al querer hablar de lo incognoscible en vez de hacerlo de lo desconocido. Un agnóstico como Huxley debe admitir la posibilidad de un gnóstico como Blake. No sabemos lo suficiente sobre lo desconocido como para saber que es incognoscible.

De modo que, si hay quien se atreve a asegurar que Blake estaba loco sólo porque decía ver fantasmas y ángeles, podríamos descartarlo como alguien probablemente muy respetable, pero sin duda también bastante intolerante. Aunque, de nuevo, existe otra senda que podría llevarnos a la misma conclusión errónea. Mientras vivía en Felpham, la excentricidad de Blake se manifestó de un modo nuevo: cierta cualidad, que bien podría llamarse indecencia, apareció en sus dibujos, sus opiniones y hasta cierto punto en su conducta. No obstante, se trataba de una indecencia idealista. El error de Blake no consistía tanto en que indujera a pecar sino en que tratara de alcanzar una imposible e inhumana ausencia de pecado. Se dice que le propuso a su esposa que vivieran desnudos en el jardín, como Adán y Eva. Si fue así, la esposa logró evitarlo. En sus poemas y en su prosa, sin embargo, especialmente en algunos de los Libros Proféticos, adoptó el habla de un loco. Sin importar qué tan lejos quisiera llegar en su lucha contra la moralidad común, ciertamente buscó (como Walt Whitman) atacar a fondo la decencia común. Afirmaba que ocultar la más fundamental de las relaciones humanas suponía ir en contra de una obra de la naturaleza. Jamás le faltó una frase efectiva, y en uno de sus poemas sobre ese tópico, dice bella y falazmente:

¿El sembrador tal vez
Siembra de noche?
¿O el labrador labra en la oscuridad?

[Does the sower | Sow by night, | Or the plowman in darkness plow?]

Pero sus especulaciones no se limitaron a cuestionar el decoro, y apuntaron al menos a una ley primordial. En algunas secciones de los Libros Proféticos (escritos en el período propiamente paroxístico) parece afirmar que el pecado puede en ocasiones ser bueno porque conduce al perdón. Desde luego, no puedo decir que esa idea añada credibilidad a la lógica de Blake —que en general funcionaba—, pero está claro que el hecho mismo del perdón implica la existencia de un mal que lo antecede y, aunque tal postura no sea demasiado razonable, sería injusto decir que es propia de un loco. No es ni más tonta ni más insostenible que cientos de sofismas que se pueden oír a la hora del té o leer en cualquier revista. Hace tiempo la familia de una joven que creía en el amor libre intentó encerrarla en un manicomio. Esa terrible injusticia pudo evitarse, pero mucha gente escribió a los diarios para defender las bondades del matrimonio —que son muchas—. La cuestión es simple, sin embargo: si se encerrara en un asilo a todo aquel que sostiene una tontería, el siglo XX tendría que asistir a una desmesurada ampliación de esos recintos. Y el mismo sentido común se aplica al caso de Blake. Que sostuviera algunas ideas monstruosas prueba que no siempre estaba en lo cierto, incluso que tenía una singular capacidad para estar profundamente equivocado, pero no que estuviera loco ni nada por el estilo. Y tampoco tenemos razones para suponer que se haya dejado arrastrar a prácticas que atentaran contra sus más íntimas convicciones. De hecho, me parece que la anarquía de Blake estaba en gran parte vinculada a su ingenuidad. Más de una vez he sido testigo de esa mezcla de actitudes, especialmente en hombres con sangre irlandesa como Blake. Los hombres duros y sanguíneos sienten la necesidad de establecer vínculos y se comprometen de buena gana, pero los castos son a menudo irreverentes. Son temerarios en teoría porque en la práctica son puros. De este modo, Irlanda, que es una isla de rebeldes, lo es también de santos y de vírgenes.

Pero llegados a este punto —al hecho de que esta torpe característica de Blake simplemente se desprendía de su propia teoría de las cosas—, nos encontramos por fin a las puertas de aquello que permite zanjar de una vez por todas la pregunta por la cordura o la insania de William Blake. De haber sido sencillamente un poeta, Blake habría sido decente y respetable. Fue Blake el lógico quien se sintió forzado a comportarse como un sinvergüenza. En otras palabras, Blake no estaba loco porque esa parte de su personalidad no provenía de sí mismo: era una influencia extraña y, en cierto sentido, casi accidental; incluso antagónica. Para entender apropiadamente en qué consistía tal influencia hay que contemplar como un todo el carácter artístico de Blake y distinguir, en el grueso de su poesía, de sus dibujos, de su crítica y su conversación, sus mayores fortalezas y sus peores defectos, aunque sea *a grosso modo*. En general, el problema de Blake se resume en una cuestión bastante simple: si era capaz de hacer tantas cosas, ¿por qué razón era incapaz de hacer ninguna de ellas a la perfección?

Blake no era una de esas personas frágiles o etéreas; no poseía la torpe suficiencia, la escurridiza cohesión interna de los irresponsables. Carecía de la autonomía —casi diríamos la omnipotencia— que suele corresponder a los débiles. No tenía nada en común con el personaje de Harold Skimpole: no era el vilano que el viento arrastra. No era un junco mecido por la brisa en las riberas del Jordán. Era, más bien, un roble que echó raíces en Inglaterra, aunque un roble medio asfixiado por la hiedra. La pregunta que surge de esta botánica espiritual es la siguiente: ¿Qué clase de hiedra era esta que casi lo mató? En principio, su intelecto no sólo era sólido, sino sólidamente racional; sólidamente escéptico, se podría decir. Jamás hubo nadie del que fuera más injusto decir (como se ha dicho) que era un lírico ligero y sensible, un simple flautista de canciones infantiles. Su mente semejaba las ruinas de un arco romano que, destruido por los bárbaros, sigue siendo inequívocamente romano. Algo se derrumbó en la mente de Blake, pero lo que quedó de ella era perfectamente razonable. Como crítico de arte jamás afirmó cosa alguna que no fuera consistente con sus principios. En sus controversias, entre el veneno y la ira florecen los argumentos. Como todos los grandes místicos, era un gran racionalista. Sólo hay que leer su ataque a las ilustraciones de Stothard para los *Cuentos de Canterbury* para descubrir que no sólo era capaz de escribir una crítica razonable, sino periodismo afilado y punzante. Si atendemos a su naturaleza, sentimos que podría haber hecho cualquier cosa: dirigir campañas contra Napoleón o estudiar las estrellas como Newton. Sin embargo, al fin y al cabo algo había desprendido partes enteras de su poderoso cerebro dejando otras intactas como columnas dóricas en el desierto. ¿Qué?

Locura no es anarquía. Locura es sujeción: contracción. No me atrevería a llamar loco a Blake por nada que haya dicho, pero sí por aquello que se sentía obligado a decir. Hay evidencias de esta clase de tiranía en Blake. No hablamos de una enfermedad mental auténtica que haría que alguien se creyera perro o gato, sino de una enfermedad nerviosa que podría provocar que alguien dijera «perro» cuando quiere decir «gato»: ésa es la clase de error o extravío que se nota especialmente en Blake. Su poesía revela un hábito peculiar que no puede considerarse decididamente cuerdo: el de dejarse atrapar, dominar, por una frase fija que aparece sin más en diez poemas distintos sin conexión aparente con ninguno de los diferentes temas que estos poemas abordan. Y lo más llamativo es que esta omnipresente frase poética es, por lo general, prácticamente incomprensible. El verso que Blake prefiere entre todos es el que resulta más oscuro para sus lectores. Permítaseme dar un ejemplo cualquiera, si hay algo de Blake que pueda describirse de ese modo.

El inofensivo Hayley, que era un tonto, pero también un caballero y un poeta (un caballero del campo y un poeta muy menor), provocó la indignación de Blake al encargarle ciertas miniaturas en un momento en que éste probablemente deseara pintar frescos grandes como una casa. Enseguida, Blake escribió el siguiente epigrama:

> Cuando Hayley descubre lo que no puedes hacer
> Ello es justamente lo que exige de ti

[When Hayley finds out what you cannot do, That is the very thing he'll set you to].

Pero quizá sintiera que el retrato carecía de color y de calidez, por lo que simplemente añadió, sin ningún motivo particular, los versos:

Al no poder presionar a mi mujer
Contrató a un villano para envenenar mi vida.

[And when he could not act upon my wife | Hired a villain to bereave my life.][5]

Todo indica que Blake no se refería a ninguna situación concreta: Hayley no intentó jamás arruinarle la vida a nadie. Carecía de la energía necesaria para tal fin. Pero ni siquiera esta pasmosa ficción es prueba de que Blake estuviera loco. Prueba que era violento e imprudente, pero eso nadie lo ha puesto en duda jamás. Sin embargo, hay otro poema de Blake, meramente romántico y narrativo, llamado «La bella Elenor», que trata de un hombre que le hace insinuaciones a la esposa de otro, donde encontramos el mismo verso repetido palabra por palabra en conexión con algo totalmente distinto:

Contrató a un villano para envenenar mi vida.

No es un verso lleno de musicalidad, y ni siquiera respeta la gramática inglesa. Sin embargo, de algún modo Blake se siente obligado a incluirlo en un poema sobre una persona real exactamente del mismo modo en que lo había incluido en un poema muy distinto sobre una persona ficticia. No parece ha-

[5] Chesterton confunde dos epigramas contenidos en el llamado Manuscrito de Dante Gabriel Rossetti. El primer pareado corresponde a «On Hayley's Friendship» («Sobre la amistad de Hayley») y el segundo al epigrama que se identifica con el número LXXVIII: justamente el que comienza con el verso «Hayley dice perdonar a sus enemigos», ver p. 14.

ber ninguna razón que justifique que lo haya escrito ni siquiera en la primera ocasión; sin embargo, él se siente forzado a escribirlo una y otra vez. En este caso yo hablaría de un vestigio de locura. No digo que Blake esté loco por odiar a Hayley, o por poner a Hayley a caldo (aunque éste no haya tenido con él sino gestos de amabilidad), o por inventar cosas no importa cuán monstruosas o metafísicas sobre él. Ni por un momento pensaría que Blake estaba loco si hubiera dicho que había visto el alma de Hayley ardiendo en el infierno y que tenía el pelo verde, un sólo ojo y una serpiente en lugar de nariz. Se puede tener una visión enloquecida sin estar loco, se puede tener una alucinación sin estar loco. Pero cómo no pensar en la locura si al dar vuelta las páginas de los libros de Blake uno descubre que esta única imagen pictórica lo obsesionaba con independencia de su significado espiritual; si descubre que en el escudo de armas del Príncipe Negro en «El rey Eduardo III» podía verse un cíclope verde, rampante, de nariz serpentina; si encuentra que se elogia a Flaxman por su amabilidad con un animal de un sólo ojo con pelaje verde y hocico de serpiente; si ve que las apariciones de Albión o Ezequiel le ordenan a Blake escribir una historia sobre los habitantes de la luna, que tienen un sólo ojo, pelo verde y narices largas y curvas; si observa cómo cualquier bosquejo rápido, cualquier patrón decorativo fruto del lápiz de Blake, reproduce incesante y arbitrariamente la retorcida probóscide y el ojo ciclópeo. Sin duda, es lícito llamar morbidez a algo así, o incluso locura: se trata del triunfo de la imagen palpable sobre su significado intelectual. Y hay algo de esa locura en la oscura obstinación o la debilidad de Blake por introducir una y otra vez esos absurdos fragmentos como si se tratara de conjuros para ahuyentar al demonio.

Este otro extraordinario par de versos aparece en cuatro o cinco poemas diferentes, y sin ninguna aparente relación con el tema de cada uno de ellos:

La oruga sobre la hoja
es vivo recuerdo del dolor materno.

[The Caterpillar on the leaf | Repeats to thee thy mother's grief.][6]

En abstracto, tal vez ese fragmento signifique algo, aunque a la mayoría de las personas le tomará un tiempo entender qué. Puede que de algún modo se refiera a una ley universal de sacrificio en la naturaleza. En concreto —esto es, en su contexto—, no parece referirse a nada en absoluto. Y he aquí otro par de versos recurrentes:

La sangre roja manó de un costado del monje gris;
le hirieron profundamente manos y pies

[The blood red ran from the grey monk's side, | His hands & feet were wounded wide].[7]

Este caso es aún peor, porque aquí no hay nada que abstraer. El lector común se ve abocado al exabrupto: ¡quién demonios es ese monje gris! ¡Por qué sangra por el lugar equivocado! Decir que algo así no es propio de un loco es tenerle miedo a las palabras. Quizá el loco que escriba algo así sea superior al común de los mortales, como los locos de Hanwell, pero es un loco en el más amplio sentido de la palabra. He escogido este ejemplo de irrelevancia auténtica y abrupta como la expresión más radical del problema; pero éste se presenta en

[6] En «Augurios de inocencia» («Auguries of innocence»), «Proverbios» («Proverbs») y «Las puertas del paraíso» («The Gates of Paradise»).

[7] En el número XLII del Manuscrito de Dante Gabriel Rossetti, en el poema «El monje gris» («The grey monk») del Manuscrito Pickering y en «A los deístas» («To the deists»), de *Jerusalén*.

otras formas, igualmente notorias. Por ejemplo, Blake tenía un poderoso sentido del humor, pero ningún control sobre éste: podía ser eclipsado y aun desaparecer del todo. No obstante, había una fuente de la que brotaba a borbotones una risa feroz. Así, Blake podía afirmar en el epigrama que hemos citado antes:

Conocí cierta vez a un granuja vil, un ladrón...
Ah, señor Cromek, ¿cómo está usted?[8]

Pero, tanto como feroz, aquella risa era intermitente y podía cesar de súbito. Con frecuencia, Blake perdía el sentido del humor completamente. Verbigracia, esta serie de versos que parece una especie de insulto místico al universo, escrita para denunciar la crueldad que se ejerce sobre las más frágiles creaturas, y que contiene pareados tan buenos como éstos:

Cada alarido de la liebre herida
Hiende una fibra del cerebro.
La alondra herida en el ala
Acalla el canto del querubín.

[Each outcry of the hunted hare | A fibre from the brain does tear. | A skylark wounded in the wing, | A cherubim does cease to sing.]

O estos otros, de un estilo más fantasioso, pero de genuino misterio:

El que tortura al inocente abejorro
Se labra un lugar en la noche eterna

[He who torments the chafer's sprite | Weaves a bower in endless night],

[8] Véase la p. 30.

y que Blake puede, sin más, acompañar de este otro par de versos:

Quien desatare las iras del buey
No poseerá el corazón de la mujer.

[He who the ox to wrath has moved | Shall never be by woman loved.]

Ni siquiera en las *Baladas de Bab* de W. S. Gilbert podríamos encontrar una idea más peregrina que ésta: que el éxito de un caballero entre las damas dependa de que previamente haya o no haya irritado a un buey. En esa absoluta desconexión con lo que haría reír es preciso ver un síntoma: el índice de un punto ciego en el cerebro. Desde luego, nada de esto serviría como prueba de morbidez si Blake fuera un mero charlatán incapaz de escribir bien, o un bobo que no entiende en qué consiste una broma. En ese caso podríamos considerarlo cuerdo: tan cuerdo como estúpido. Si Blake hubiera escrito siempre mal podría no haber estado loco. Pero un hombre que sabía escribir tan bien y que por momentos escribió tan mal debía estar loco.

¿Qué causaba esos colapsos en el cerebro de Blake? Aquí, me arriesgo a ofrecer una respuesta que a ojos de muchos no parecerá aceptable sino por su sinceridad. Creo firmemente que lo que hirió el cerebro de Blake fue la autenticidad de sus comunicaciones espirituales. En el caso de cualquier poeta, y especialmente en el caso de Blake, la frase «un poeta inspirado» comúnmente alude a un buen poeta. Dicha sobre Blake, parece casi automática. Pero justo en el caso de Blake estoy persuadido de que es falsa. Sus poemas inspirados no eran buenos poemas. Sus poemas inspirados eran, a menudo, particularmente malos... a causa de la inspiración. Si un labrador afirma haber visto un fantasma, no podemos simplemente afirmar que es un loco: puede que en verdad haya visto al fantasma que lo volvió loco. Su locura podría no probar la falsedad de su historia, sino todo lo contrario. Es en este sentido que difiero de los críticos que miran a Blake con escepticismo. Éstos afirman que sus visiones eran falsas precisamente porque estaba loco. Por mi parte, digo que estaba loco justamente porque sus visiones eran verdaderas. Haber estado expuesto a un huracán de fuerzas sobrenaturales abrió brechas en la continuidad de su mente, que resultó dañada. Era, de un modo aún mas terrible que Oliver Goldsmith, «un idiota inspirado». Era un idiota porque estaba inspirado.

Ante su afirmación de que los verdaderos autores de *Jerusalén* estaban en la eternidad, sólo podemos decir que parece poco probable que alguien se desplace a ese sitio en busca de más obras. Jamás dijo que el autor de «El tigre» [fig. 20] estuviera en la eternidad: el autor de esa maravilla estaba en el mercado de Carnaby. Con algunas excepciones importantes, creo que podría asegurarse que Blake sólo hablaba de inspiración cuando más carecía de ella. Es decir, cuando su inspiración no estaba dominada por el espíritu, sea cual fuere, que gobierna la buena poesía y las buenas ideas. En esos casos lo inspiraba, y profusamente, el espíritu que gobierna la mala poesía y las malas ideas, sea cual fuere. Y sea cual fuere el Dios que se especializa en versos ilegibles y casi impronunciables, éste se hallaba presente cuando Blake inventó la extraordinaria historia de «William Bond» o la descabellada métrica de los versos «Al señor Butts». Sea cual fuere el arcángel que rige sobre los más crasos errores intelectuales, sin duda había desplegado sus penumbrosas alas sobre Blake cuando éste llegó a la conclusión de que un hombre debe ser malvado para alcanzar el perdón. Pero estos impensables pensamientos se encuentran en su mayoría en sus obras menos literarias, especialmente en los Libros Proféticos. Para decirlo más claro: las opiniones con las que nadie puede estar de acuerdo se encuentran principalmente en aquellos libros suyos que nadie es capaz de leer. Nada de esto provenía de Blake, sino de sus espíritus: ésa es mi opinión. Puedo entender que grandes hombres, como Rossetti y Swinburne, confíen plenamente en el ángel de Blake. Confían en los ángeles, pero no creen en ellos. Yo, en cambio, sí creo en los ángeles, incluso en los ángeles caídos.

No es peligroso para la salud ser místico, pero quizá haya algún peligro en ser espiritista. Decir que las bebidas espirituosas son malas para la salud parece un torpe juego de palabras; no obstante, desde el punto de vista filosófico, da pie a un interesante paralelo. La diferencia entre ser verdaderamente religioso y sólo sentir curiosidad por las cosas psíquicas es comparable a la que existe entre beber cerveza y beber brandy, entre beber vino y beber ginebra. Además de un estimulante, la cerveza es un alimento; del mismo modo, la religión supone un alivio tanto como una aventura. La gente bebe un vino determinado porque es su favorito, porque lo considera mejor que otros o porque es de su tierra. El alcohol se bebe sólo porque es alcohol. Del mismo modo, uno se encomienda a sus dioses porque son buenos —por lo menos con uno—, porque son los dioses de la propia tribu o los santos del día en que nació. En cambio, los espiritistas invocan a los espíritus sólo porque son espíritus, invocan a los fantasmas sólo porque son fantasmas. Muchas veces he pensado que las bebidas preferidas podrían usarse para explicar las distintas creencias. El vino representaría el catolicismo genuino, y la cerveza, el protestantismo genuino: religiones auténticas porque dan fortaleza y porque reconfortan. Un agnosticismo límpido y frío podría remitirse al agua límpida y fría: una cosa excelente, siempre que pueda encontrarse. La mayor parte de los modernos movimientos éticos e idealistas podría representarse acudiendo al agua de soda: nada más que burbujas. La filosofía del señor Bernard Shaw es exactamente como un café fuerte y negro: te despierta, pero no te inspira. El higiénico materialismo moderno es como el chocolate —no se me ocurre una manera más clara de mostrar mi desprecio—. A veces, raras veces, podemos toparnos con algo que sería posible comparar honestamente con la leche: una tibieza antigua y salvaje, una piedad terrenal y nutritiva: la leche de la bondad humana. La hallamos en unos cuantos poetas paganos y en unas pocas fábulas antiguas, pero hoy en día está extinguiéndose por doquier. Ahora bien, si adoptamos esta analogía para beneficio de nuestro argumento, deberíamos volver al malogrado juego de palabras: podemos concluir que el gusto por el espiritismo es muy parecido al gusto por las bebidas espirituosas. Aquel que bebe ginebra o alcohol metílico lo hace sólo porque éste lo vuelve decididamente normal; de este modo, quien utiliza una ouija para invocar a seres sobrenaturales, lo hace sólo porque son sobrenaturales. No sabe si son buenos, o sabios, o si le prestarán algún tipo de ayuda. Sabe que desea a la deidad pero ni siquiera sabe si le agradará encontrarla. Intenta invocar al dios sin adorarlo. Le interesa todo lo sobrenatural, pero el rostro del amigo divino no lo llena de júbilo, igual que nadie disfruta de verdad del sabor del alcohol metílico. En una palabra: en las investigaciones psíquicas puede que haya excitación, pero no satisfacción afectiva; hay brandy, pero no comida.

En cuanto a Blake, era un espiritista en el sentido más temerario, y a veces incluso en el más vulgar, del término. Abrió las puertas de su mente a lo que el difunto George Macdonald describía, en una frase afortunada, como «la canalla del otro mundo». En mi opinión, resulta imposible observar algunos de los dibujos que Blake realizó bajo lo que consideraba un dictado espiritual directo sin sentir que, de tanto en tanto, se hallaba bajo influencias que no eran sólo malignas, sino en ocasiones estúpidamente malignas. Permítaseme escoger sólo un ejemplo, entre muchos. Partiendo de una de sus visiones, Blake dibujó una cabeza que tituló *El hombre que construyó las pirámides* [fig. 21]. La dimensión y el misterio de una idea como ésa es evidente para cualquier persona, y muchos se preguntarán que habría hecho con ella un gran pintor poético, como Miguel Ángel o George Frederic Watts. ¿Habrían imaginado un rostro tosco y recóndito, o ponderado y grave, o de mirada fija y aspecto mestizo, o bien apolíneo y puro? Comoquiera que haya sido, el hombre que construyó las pirámides debe haber parecido, sin más, francamente inteligente. Pero cuando contemplamos el retrato que hizo Blake de ese hombre nos enfrentamos con un sobresalto a la cara de un idiota. Y ni siquiera un idiota malévolo, sino con un rostro caricaturesco, infame, con un mentón huidizo y la protuberante nariz de un cerdo. Blake aseguraba que había dibujado esta cara a partir de un espíritu real, y no veo ninguna razón para dudarlo, pero si así fue no se trataba realmente del hombre que construyó las pirámides, no era la clase de espíritu con el que alguien en sus cinco sentidos desearía intimar. La visión de esa imbecilidad porcina no puede haber sido una buena visión: dejó tras de sí el olor de una estupidez demoníaca y sin duda dejó a Blake más tonto de lo que lo encontró.

En cualquier caso, acertadamente o no, es así como me explico el caos y la ocasional anemia que deja perplejos a los críticos de Blake, e incluso a Blake mismo: creo que padecía la inmensa soledad moderna y el escepticismo que se hallan en la raíz de las penas del mero espiritista. La tragedia del espiritista consiste, sin más, en que debe conocer a sus dioses antes de amarlos. Sin embargo, es preciso amar a los dioses sin estar seguros de que existan. Las sublimes palabras del evangelio de San Juan dan pie una respetuosa parodia: ¿si un hombre no ama al Dios que no ha visto, como podría amar al Dios que ha visto? Si no nos deleitamos al menos en la fantasía de Santa Claus, ¿como podemos esperar alegrarnos en caso de comprobar que es real? Pero un místico como Blake simplemente instala un letrero para todo el mundo como una señora que arrienda habitaciones. Las morada de su mente era sin duda magnífica, pero nadie debería sorprenderse al descubrir que el primero en entrar fue «el hombre que construyó las pirámides»: un tipo con cara de becerro. Quién sabe si construyó las pirámides, pero sin duda dio al traste con la morada.

Ahora bien, esta conclusión respecto de la fundamental cordura de Blake y su locura ocasional nos enfrenta de súbito a una pregunta de mayor calado acerca de cuánto ganaron o perdieron, a causa de su postura, su alma y su credo, su heterodoxia, su ortodoxia, su posición frente a su época. Para responder apropiadamente a esta pregunta, dado que se acerca el final del libro (y aunque su estructura lo desaconseje), debemos hacer lo que se imponía al comienzo: hablar con la mayor brevedad posible acerca de la época en la que Blake vivió, cosa que es imposible sin decir previamente alguna cosa breve acerca de aquella gran sociedad y tradición occidental a la cual pertenecemos Blake y nosotros, esa cristiandad o continente europeo que es a la vez demasiado grande para medirlo y demasiado próximo para entenderlo.

¿Qué significó el siglo XVIII? O bien, para decirlo de un modo menos mecánico y más inteligente, ¿cuál era el signo de aquel estado de ánimo, de aquella poderosa e inconfundible etapa por la que atravesaba la sociedad occidental al tiempo en que William Blake vino al mundo? ¿Bajo qué signo avanzaba esa persistente tendencia, el espíritu que a todo lo largo del siglo XVIII se levantó como una ola lenta y calma contra el ensordecedor rompiente de la Revolución francesa? Es obvio que aquel siglo significó algo distinto para cada uno de sus hijos. Preguntémonos aquí qué significaba para Blake, el poeta, el pintor, el soñador. Intentemos plantear el asunto en los términos más cercanos posibles a su espíritu y en relación con su obra, única en el mundo.

Hoy, cada uno de nosotros es tres personas a la vez. En el interior de cada europeo moderno conviven tres poderes tan distintos como para ser casi personales: la trinidad de nuestro destino terrenal. Estas tres personas podrían resumirse toscamente así: la primera y más próxima es el cristiano, que depende de la Iglesia histórica, del credo que sin duda ha coloreado nuestras mentes de un modo indeleble sin importar si, como yo mismo, lo consideramos la cumbre y la combinación de los otros dos poderes, o bien una simple superstición que dura ya dos mil años. Entonces, primero viene el cristiano; tras él, el romano: el habitante de aquel territorio enorme y cosmopolita de la razón, el orden y la igualdad del que surgió el cristianismo: el estoico, más severo aún que cualquier anacoreta; el republicano, más digno que un rey. Éste es quien hace los caminos rectos y las leyes claras, y para quien el sentido común es suficiente. En cuanto a la tercera persona, es la más difícil de describir. No tiene nombre, y toda verdad acerca de ella ha sido borrada; sin embargo, camina entre nosotros por los bosques y se despierta en nuestro interior cuando escuchamos soplar el viento nocturno. Es el origen: el hombre de los bosques. No nos corresponde elaborar este punto, simplemente habría que decir que el principal mérito de la cristiandad es justamente éste: haber revivido la locura prerromana y haberla introducido en el orden romano. Los dioses realmente habían muerto mucho antes de que Cristo naciera. Simplemente ocupó su lugar el dios del gobierno: *Divus Cæsar.* De los paganos del verdadero Imperio romano sólo puede decirse que eran de lo más respetables. Se dice que cuando Cristo nació recorrió el mundo un clamor que anunciaba la muerte del gran Pan. La verdad es que, cuando Cristo nació, Pan despertó por primera vez en su tumba. Los dioses paganos se habían convertido en meras fábulas antes de que la cristiandad les diera nueva vida convirtiéndolos en demonios. Me atrevo a decir que, si había entonces alguien que creyera en la existencia de Apolo, éste era probablemente un cristiano. La cristiandad condujo a una especie de clamorosa resurrección de los antiguos espíritus sobrenaturales de los bosques y las colinas. Pero sobre este secreto caos impuso la idea romana de equilibrio y cordura. Así, se sacramentó el matrimonio, pero no el sexo como se practicaba en el frenesí de los bosques. Así, Cristo sacramentó el vino, mientras que Dionisio sacralizaba la embriaguez. En resumen, desde un punto de vista histórico, la cristiandad se entiende mejor si se la mira como un intento por combinar la razón del mercado con el misticismo de los bosques. Como un intento de aceptar filosóficamente todas las supersticiones necesarias para el hombre. La Roma pagana buscó imponer el orden y la razón entre los hombres, la Roma cristiana quiso imponer el orden y la razón entre los dioses.

Teniendo en cuenta estos tres principios (las tres personas), es posible definir la época en cuestión. El siglo XVIII supuso, fundamentalmente, la vuelta de la razón y la vuelta de Roma. Implicó el encumbramiento del elemento estoico y cívico de esa mezcla triple. Igual que el mundo romano, el siglo XVIII estaba lleno de respeto por la ley. Hoy en día, los sacerdotes lucen aún, por lo general, el atuendo popular de la Edad Media; los abogados, sin embargo, aún llevan la peluca del siglo XVIII. Ahora bien, si el mundo romano estaba lleno de reglas, también lo estaba de revoluciones. Pero lo cierto es que las dos cosas deben ir necesariamente juntas. Los ingleses solían jactarse de haber logrado una revolución constitucional, sin embargo, toda revolución debe ser constitucional, en tanto ha de referirse a una teoría de la justicia previamente existente. Hay que tener derechos antes de poder sufrir afrentas. Y así observamos constantemente que los países que han hecho más por divulgar la ley y las decisiones judiciales rebosan de furia política y potenciales rebeliones: Roma, por ejemplo, y Francia. Roma implantó en cada tribu y en cada pueblo la ley romana, al tiempo que su propia capital se dividía en facciones y se cubría de sangre en carnicerías partidarias. Francia impuso intelectualmente su grandioso código legal sobre la mayor parte de Europa, y lo hizo cuando sus propias calles estaban aún manchadas con la sangre de los cadáveres y en un jadeante *intermezzo* entre dos devastadoras guerras civiles. Resulta notable, en cambio, que los países donde no hay revoluciones sean los países sin ley, o aquellos en que el caos mental ha hecho ininteligible cualquier principio legal: países como Marruecos y la Inglaterra moderna.

Esto explica que el siglo XVIII haya terminado en una revolución: se debió a que su punto de partida fue la ley. Era el siglo de la razón y, por lo tanto, de la revolución. No es necesario decir de qué modo sistemático revivió todos los símbolos y los motivos de aquella antigua sociedad pagana de la cual surgió la cristiandad. Su gran arte era la oratoria, su afectación favorita, la severidad. Su virtud preferida era el espíritu público y su pecado preferido el asesinato político. Toleraba lo pomposo pero odiaba lo fantástico; sólo podía sentir desprecio por cualquier cosa que pudiera describirse como oscura. Para una mente viril de aquella época, como la del doctor Johnson o la de Charles James Fox, un poema o dibujo que no se explicara a sí mismo era como una escopeta que no dispara o como un reloj que súbitamente se detiene: un fracaso apenas merecedor de una sátira fugaz, cuando no de una indiferencia absoluta. A pesar de sus sólidas convicciones (por las cuales estaban dispuestos a morir) los hombres de aquella época siempre usaron la palabra *entusiasta* como un modo de escarnio. A todo aquello que llamamos misticismo, ellos lo llamaron locura. Así era la civilización del siglo XVIII, así era el marco estricto y sin adornos a través del cual los ardientes ojos de William Blake nos veían.

Hasta aquí, Blake y su siglo no parecen sino contrastar. Pero debemos recordar que los tres elementos de Europa no son los estratos geológicos de una roca, sino las fibras de una cuerda, ya que, aunque los tres existen, ninguno de ellos ha existido jamás por separado. Podríamos describir el Renacimiento como pagano, pero Miguel Ángel sólo es imaginable en tanto cristiano. Santo Tomás de Aquino era cristiano, pero no habría podido serlo sin el pagano Aristóteles. Aun reconociendo en Virgilio al poeta romano de la dignidad y el sentido común, podríamos preguntarnos si no se refería a algo más antiguo que Roma cuando hablaba de la fortuna de conocer a los dioses de los campos y al anciano del bosque. Del mismo modo, había algo puramente cristiano y algo puramente primitivo incluso en el siglo XVIII. Y, como siempre sucede, los componentes irracionales (o no romanos) del siglo XVIII son particularmente importantes al considerar cómo estaba estructurada la mente de William Blake. Porque el primero de los componentes irracionales de aquel siglo representa todo aquello que de eficaz y de bueno había en aquel hombre genial, y el segundo representa sin duda todo aquello dudoso, irritante e ineficiente que había en él.

En el siglo XVIII existían dos componentes que no provenían del estoicismo romano ni del civismo romano. El primero es lo que hoy conocemos como humanitarismo, y que ese siglo describía como «la herida de la sensibilidad». Las antiguas comunidades paganas eran democráticas, pero en ningún caso humanitarias. No había un llanto reservado para ningún hombre que estuviera a merced de la comunidad: guardaban toda su ira y simpatía para la comunidad a merced de un hombre. La compasión individual por los casos individuales es producto inequívoco de la cristiandad, y cuando Voltaire, iracundo, se lanzó contra el juicio a Jean Calas, sacaba las energías de la religión que procuraba negar. Un romano se hubiera revelado por Roma, no por Calas. Este humanitarismo personal es la reliquia de la cristiandad. Incluso, si se me permite, es el despojo de la cristiandad. De este humanitarismo, o sentimentalismo, o como quiera llamarse, Blake fue un entusiasta heredero. Siendo el gran hombre que era, naturalmente se anticipó a otros hombres menores, entre los que yo contaría a Percy B. Shelley, por ejemplo, y a Lev Tolstói. Llevó consigo este instinto de bondad personal hasta el punto de denunciar la guerra en estos términos:

> Nada es capaz de deformar tanto la humana estirpe
> Como el férreo brazal de la armadura.

[Nought can deform the human race | Like to the Armourer's iron brace.]

O bien en estos otros:

> El veneno más deletéreo que conocieron las edades
> Provino siempre de la corona de laurel del césar.

[The strongest poison ever known Came from Cæsar's iron crown.]

Ningún republicano pagano, como aquellos sobre los cuales se fundó la ética del siglo XVIII, podría haber encontrado sentido en este horror meramente humanitario. Ni siquiera podría haber entendido una idea así: que la guerra es inmoral aun cuando no sea injusta. Es imposible encontrar un sentimiento parecido entre los paganos de la Antigüedad, aunque sí entre los paganos del XVIII: en los discursos de Charles James Fox, en los soliloquios de Rousseau e incluso en las risitas de Edward Gibbon. He aquí un elemento del siglo XVIII que proviene, oscura pero indudablemente, de la cristiandad, y el cual Blake sin duda compartió. Para los paganos, la tortura de Régulo es signo de la salvación de Roma; la cristiandad, en cambio, piensa un poco en Régulo: hay que compadecer incluso al reo de muerte. Esa compasión individual llevó a Blake a escribir versos espléndidos y violentos:

O el lamento del desafortunado soldado
Dejando un reguero de sangre desde los muros palatinos.

[And the hapless soldier's sigh | Runs in blood down palace walls.]

El siglo XVIII no halló esa piedad en el mismo sitio que su libertad pagana y su ley pagana. La tomó directamente de las mismas iglesias que profanó y de la desesperada fe que negó. Esta irracional piedad por los individuos es el componente puramente cristiano del siglo XVIII y el componente puramente cristiano en William Blake.

Pero existía otro componente irracional en el siglo XVIII que no era ni cristiano ni romano. Venía de los orígenes: había estado en el mundo a través de toda la historia del paganismo y la cristiandad; se hallaba en el mundo, pero no era de este mundo. En el siglo XVIII, apareció popularmente bajo una forma extravagante y al mismo tiempo inconfundible que se puede resumir en un solo nombre: Cagliostro. No existe nombre más adecuado, pero si alguien busca uno más noble (uno muy noble) entonces diríamos Emanuel Swedenborg. A pesar del evidente sentido común reinante, el siglo XVIII poseía esta veta de taumaturgia un tanto teatral. La historia del componente al que nos referimos es, en el sentido más literal de la palabra, horriblemente interesante: todo en él nos devuelve a esa sensación pesadillesca de los comienzos. Es curioso notar cómo en el siglo XVIII se fundaron una cantidad de sociedades que se dedicaban a anunciar tranquilamente que habían existido casi desde los comienzos del mundo. De éstas, por supuesto, el ejemplo más conocido es la francmasonería. Según su propio relato, provenían del tiempo de las pirámides; según todos los demás relatos consultables, aparecieron con el siglo XVIII. Sin embargo, si bien se equivocan en la letra, los masones aciertan en el espíritu: existe una tradición análoga a la masonería mística que atraviesa toda la historia del paganismo y la cristiandad. Existe una tradición perfectamente definida ajena a la cristiandad, no de racionalismo, sino de paganismo: paganismo en el sentido original y temible, el de los bosques: magia pagana. La cristiandad, correcta o incorrectamente, la desincentivó siempre, argumentando que era, o cuando menos tendía a ser, magia negra. Pero esto no nos incumbe. La cuestión es que, bueno o malo, este sobrenaturalismo no cristiano no se interrumpió con el arribo de la cristiandad: sus signos y sus huellas se pueden ver en todas las épocas; se alzaba sobre el agonizante Imperio romano como una gigantesca humareda que iba adoptando formas terribles, era la energía de los gnósticos que estuvieron a punto de capturar la cristiandad y a quienes se persiguió por su pesimismo. En pleno mediodía de la Iglesia se atrevieron a tallar sus símbolos sobre las tumbas de los templarios y, cuando llegó la Reforma y aparecieron las primeras sectas, su antigua y terrible voz se hizo oír.

El siglo XVIII supuso, en primer lugar, una liberación (como sostuvieron sus líderes) de la razón y de la naturaleza del férreo control de la Iglesia. Pero, una vez debilitada la Iglesia, supuso la liberación de muchas otras cosas. No implicó la libertad de la razón solamente, sino de la más antigua sinrazón. No sólo se liberó lo natural, sino también lo sobrenatural y, ¡ay!, también lo antinatural. Los místicos paganos, ocultos durante dos mil años, salieron de sus cavernas... y así se fundó la francmasonería. En el momento de su fundación, era completamente inocente, pero lo eran igualmente los otros resurgimientos de este ocultismo ancestral. Doy un ejemplo entre muchos: la idea de esclavizar el alma de otro ser humano sin levantar apenas un dedo ni hacer gala de fuerza, la idea de esclavizar un alma simplemente porque alguien lo desea, es una idea que cualquier sociedad cuerda consideraría horrenda y detestable en caso de ser cierta. Pues bien, a lo largo de la historia entera de la cristiandad, las brujas y brujos se atribuían este abominable poder y se jactaban de poseerlo. Como resultado (un resultado en cierto sentido justificable) se los condenaba a la hoguera por su jactancia. Gracias a Dios, el movimiento racionalista del siglo XVIII se orientó a cosas mejores, como la justicia común y la recta razón en el manejo del Estado. Sin embargo, debilitó a la cristiandad y, al debilitarla, encumbró y protegió a los brujos. Mesmer dio un paso al frente y por vez primera afirmó con certeza que aquel infame poder existía: por vez primera un brujo pudo amenazar la tiranía espiritual sin ser linchado. Sin embargo, si un mesmerista realmente tuviera los poderes que algunos de ellos reclaman y que muchas novelas les adjudican, no hay duda (eso espero) de que cualquier muchedumbre decente lo ahogaría como a una bruja.

De modo que la revuelta del siglo XVIII no solamente liberó el naturalismo, sino también cierta clase de sobrenaturalismo. Y Blake, en particular, fue heredero de esta clase particular de sobrenaturalismo cuya tosca encarnación fue Cagliostro y cuya encarnación noble fue Swedenborg. Pero en ambos casos cabe notar que el misticismo es la marca de un esfuerzo por escapar o incluso por olvidar al cristiano histórico, y especialmente a la Iglesia católica. Cagliostro, siendo un hombre de una espiritualidad mezquina, se separó del catolicismo alzando contra éste el ardiente blasón del paganismo místico, los triángulos, los sellos secretos, la iniciación de Eleusis y todos los vulgares refinamientos de una sociedad secreta. Siendo un hombre de una espiritualidad grande y noble, Swedenborg buscó separarse del catolicismo reinventando, desde su propia inocencia y genio, casi todas las viejas doctrinas católicas y creyendo sinceramente que eran sus propios descubrimientos. Resulta asombroso notar la proximidad de Swedenborg con el catolicismo: en su insistencia en el libre albedrío, por ejemplo; en la humanidad del Dios encarnado y en la visión relativista y mística del Antiguo Testamento. Había mucho de Swedenborg en Blake (como él mismo habría sido el primero en admitir) y, ocasionalmente, había un poco también de Cagliostro. Blake no pertenecía a una sociedad secreta porque, a decir verdad, tenía dificultades para pertenecer a cualquier sociedad, pero sí hablaba en un lenguaje secreto. En su misticismo había algo de aquel elemento altanero y oligárquico que caracterizó a las antiguas sociedades secretas paganas y que aun hoy caracteriza a los teosofistas y a los iniciados orientales. De modo que, además de la caritativa riqueza de Swedenborg, Blake tenía un toque de Cagliostro y de la francmasonería, que heredó del quiebre de la fe que representa el siglo XVIII: una herencia que ha de contabilizarse como tal. Y hasta aquí el recuento de sus deudas, el resto es un patrimonio exclusivamente suyo.

Cuando alguien posee un punto de vista punzante o escasamente familiar está obligado, incluso si está hablando de su gato, a comenzar por el origen del cosmos porque su cosmos es tan privado como su gato. Si Horacio pudo decirle a sus discípulos que entraran en materia sin dilación, fue porque maestro y discípulos estaban de acuerdo en la materia sobre la que hablaban; autor y lectores estaban fundamentalmente de acuerdo respecto de la belleza de Helena o los deberes de Héctor. Pero Blake realmente tenía que empezar por el principio, dado que se trataba de un principio distinto. Así se explican la digresión y la irrelevancia que suelen acompañar a las mentes más directas y sinceras: explica la desconcertante tendencia de Dante a hablar por medio de alusiones, los paréntesis de Rabelais, los gigantescos prefacios del señor Bernard Shaw. Los hombres brillantes parecen más torpes e intrincados que los demás porque tienen algo que decir acerca de cualquier cosa. La misma rapidez de su mente produce la lentitud de su narrativa porque encuentra sermones en las piedras, en cada uno de los adoquines de la calle por la que camina. Cada hecho o frase involucrada en el asunto en cuestión vuelve su mente hacia atrás en el tiempo, a los poderes originarios. Porque es original, siempre está volviendo a los orígenes. Tomemos por ejemplo la poesía de Blake, en vez de su arte pictórico. Cuando una persona común y corriente lee la poesía de Blake, simplemente llega a la conclusión de que es incapaz de entenderla. Esa objeción, sin embargo, es más justa en el caso de Blake que en el de la mayoría de los escritores excéntricos y elusivos. Blake es oscuro de un modo mucho más positivo y práctico que Robert Browning o, para el caso, que Henry James. La oscuridad de Browning procede de una disposición casi brutal a dar con grandes verdades, lo que lo lleva a destruir frases de las que apenas se conservan fragmentos. James es oscuro porque intenta rastrear minúsculas verdades mediante una disección para la cual el lenguaje humano (aún en sus manos exquisitas) difícilmente es suficiente. En resumen, Browning desea, casi inescrupulosamente, ir al punto; James se niega a admitir que (por la pura autoridad de Euclides) el punto es indivisible. Pero la oscuridad de William Blake es diferente de la de ambos: es a la vez más simple y más impenetrable. No se trata de una dicción diferente, sino de un lenguaje diferente. No es que no podamos entender las frases, es que a menudo interpretamos mal las palabras. La obscuridad de Blake consiste, por lo general, en que las palabras se utilizan para decir algo distinto de lo que consta en el diccionario. El señor Henry James quiere cortar cabellos longitudinalmente, Browning quiere arrancarlos de raíz. En Blake, el enigma es a la vez más simple y más desconcertante: cuando Blake dice «cabello», no necesariamente quiere decir cabello, sino quizá otra cosa: quizá se refiere a las plumas de un pavo real. Para citar un ejemplo entre mil: cuando Blake dice «demonios» generalmente se refiere a un orden particularmente exaltado de ángeles, como los que rigen la energía y la imaginación.

Por un mero accidente verbal se ha confundido lo místico con lo misterioso. Por lo general, el misticismo se considera —vagamente— como algo vago, un asunto de nubes y cortinas, lleno de oscuridad o de vapores engañosos, de incomprensibles conspiraciones y símbolos impenetrables. Algunos charlatanes han promovido esas ideas, pero ningún místico verdadero prefirió jamás la oscuridad a la luz. Ningún místico puro amó nunca el puro misterio. El místico no trae consigo dudas ni acertijos: las dudas y los acertijos existen de antemano. Todos sentimos el misterio de la tierra sin que nadie nos lo haga notar. El misterio de la vida es su aspecto más simple. Las nubes y las cortinas, los confusos vapores, son el clima diario en este mundo. Sean cuales sean nuestras costumbres, nos hemos acostumbrado a lo inexplicable. Cada piedra o flor es un jeroglífico para el cual no tenemos la clave, a cada paso que damos nos internamos en alguna historia que con toda seguridad entenderemos equivocadamente. El místico no es quien crea misterios, sino quien los destruye. El místico es quien ofrece una explicación que puede ser verdadera o falsa, pero que siempre es comprensible (no quiero decir que sea siempre comprendida, sino que puede comprenderse porque siempre hay algo que entender). En mi opinión, aquel cuyos signos no atraviesan el misterio fracasa como místico, y Blake, como veremos, a menudo fracasa de este modo a causa de particulares razones personales. Sin embargo, aun siendo él mismo difícil de comprender, no le faltaba comprensión de las cosas: si era ininteligible, no se debía a que fuera vago, a que estuviera atrapado en su propia perplejidad o avanzara a tientas. Mientras que sus afirmaciones eran no sólo oscuras, sino auténticamente densas, su opinión iba más allá de la claridad, hasta la arrogancia. Cualquiera se mostraría confuso acerca del vínculo que une Albión y Jerusalén, pero Blake estaba tan seguro de esa relación como el señor Chamberlain podría estarlo sobre las relaciones entre Birmingham y el Imperio británico. Y lo mismo puede decirse de su singular estilo literario, incluso en sus peores momentos: como lectores, adivinamos que a cada paso está diciendo algo simple y enfático, aun cuando no tengamos ni la más remota idea de qué es lo que dice.

En los verdaderos místicos existe un elemento que siempre destaca, aunque signifique algo distinto en cada uno de ellos. Me refiero a la brillantez de sus colores y la nitidez de sus formas. Quizá podamos dudar del significado de un triángulo o del mensaje que se oculta tras una vaca carmesí, pero en la obra de un místico verdadero el triángulo es sólidamente matemático y no debe confundirse jamás con un cono o un polígono. El color de la vaca es exquisita e inequívocamente carmesí y su forma es indiscutiblemente la de una vaca, imposible de confundir con sus ancestros evolutivos, como el búfalo o el bisonte. Esto puede verse claramente, por ejemplo, en el trabajo de los iluminadores cristianos de los siglos XIII y XIV. Éstos, que eran verdaderos místicos, se preocupaban fundamentalmente de conservar la realidad de los objetos. Porque el más elevado dogma espiritual es la reafirmación de lo material. A través de la pulcritud de sus dibujos y su empleo del color, estos artistas piadosos se avocaron principalmente a dejar claro que un gato era, a los ojos de Dios, un gato verdadero, y que un perro era preeminentemente perruno. Esta misma definición del matiz y del contorno se halla no sólo en las pinturas de Blake, sino en su poesía. No hay oscuridad, ni siquiera en sus descripciones, y prácticamente no hay distancia en el sentido moderno. Sus animales son tan absolutos como los de un escudo heráldico. Sus ovejas son de plata pura, sus leones, de refulgente oro. Un león puede yacer junto a su oveja, pero sin confundirse jamás con ella.

Para aclarar verdaderamente este punto deberíamos volver al siglo XII, o tal vez incluso a Platón (la metafísica debe evitarse: es demasiado excitante), pero la raíz del asunto puede aclararse con una sola palabra: toda la diferencia se juega entre el significado antiguo y el moderno de la palabra *realista*. En la ficción y la ciencia modernas, un realista es un hombre que parte del exterior de las cosas, y a veces sencillamente del final: reconociendo el mono por su cola o un motor por los olores que despide. En el siglo XII, un realista pretendía exactamente lo opuesto: empezar por el interior. Al filósofo medieval sólo le interesarían los motores porque se mueven. Le interesaría exclusivamente la idea central y originaria de los motores: su motricidad. Sólo se ocuparía de un mono en tanto simio: no porque se parece a los hombres, sino porque no es como los hombres. Si viera un elefante, no diría, al estilo moderno: «Se trata de una extraña mezcla de los colmillos de un jabalí, aunque sobredesarrollados, con la nariz del tapir, si bien absurdamente alargada, y algo parecido a la cola de una vaca, aunque inusualmente precaria», etcétera. Sólo percibiría la esencia de un elefante. Asumiría que el eventual elefante ligero y huidizo que danza y muere como una cachipolla en mayo es, no obstante, la sombra de un elefante eterno, concebido y creado por Dios. Una vez considerado este antiguo sentido en la realidad de un elefante, hay que volver a leer los poemas que Blake dedica a animales como la oveja y el tigre: veremos claramente que está hablando de un tigre eterno que ruge y se deleita para siempre ante la mirada de Dios; veremos que habla de una oveja eterna y sobrenatural que sólo puede alimentarse en los campos del cielo.

Es justamente en esta zona donde encontramos una decidida oposición a la tendencia moderna que con justicia se ha llamado «impresionismo». Impresionismo es escepticismo: implica creer en nuestras impresiones inmediatas a expensas de generalizaciones más permanentes y definitivas. Pone lo que percibimos por encima de lo que sabemos. Implica la monstruosa herejía de ver para creer. En un instante particular, a la luz del atardecer, una vaca blanca puede ser dorada por un lado y violeta por el otro. La clave del impresionismo consiste precisamente en decir que la vaca es dorada y violeta. Consiste en decir que no tal vaca blanca. «¿Qué podemos afirmar —nos grita— más allá de lo que vemos?». Pero la esencia del misticismo consiste en insistir que allí hay una vaca blanca, aunque esté velada con sombras o teñida del oro de una puesta de sol. Benditos sean los que han visto la vaca violeta y sin embargo creen en la vaca blanca. Para un místico, una vaca blanca posee una clase sólida de blancura, como si estuviera hecha de leche congelada. Para él, un caballo blanco tiene una blancura sólida, como si hubiera sido tallado en la dura tiza inglesa, como el caballo blanco que hay en el valle donde combatió el rey Alfredo. La blancura de la vaca es más importante que cualquier cosa, excepto su condición vacuna. Si Blake hubiera introducido alguna vez una vaca blanca en alguno de sus dibujos, en el peor de los casos no habría duda alguna acerca de cualquiera de estos dos aspectos. Del mismo modo, no cabría la menor duda acerca de ellos en ninguna iluminación cristiana. Sobre este punto, Blake concuerda con los místicos y los santos.

Esta explicación es realmente esencial para entender a William Blake porque, dada la mentalidad moderna, resulta fácil verlo todo al revés. En el sentido moderno, los símbolos de Blake no son realmente símbolos. No son alegorías. Hoy en día una alegoría quiere decir tomar algo que no existe como símbolo de algo que efectivamente existe. Muchos de nosotros creemos que el pecado existe, pero creemos (aun sin tener argumentos convincentes) que los dragones no existen. De modo que hacemos del ficticio dragón una alegoría del pecado. Eso, sin embargo, no es lo que Blake buscaba cuando postuló la oveja como símbolo de la inocencia. Buscaba decir que, tras el universo, existe realmente una imagen eterna llamada oveja de la cual todas las ovejas del mundo son simples copias o aproximaciones. Sostenía que esta inocencia eterna era real e incluso terrible. Igual que cualquier evangélico, no habría encontrado cómica ninguna referencia a la «ira del Cordero» descrita por el Apocalipsis. En caso de haber aludido a un cordero en una de sus fábulas, Esopo jamás habría sido tan tonto como para representarlo enojado, pero la cristiandad es más osada que Esopo, y la ira del Cordero es su gran paradoja. Si hay un cordero inmortal, un ser cuya simplicidad y frescura se renuevan continuamente, atemorizar a este ser hasta volverlo hostil resulta más terrorífico que desafiar al llameante dragón o al oscuro océano. Ningún lobo viejo, ningún león cansado del mundo es tan terrorífico como una criatura eternamente juvenil, una criatura perpetuamente recién nacida. Pero lo fundamental del asunto es aún más simple: Blake no entendía que la mansedumbre es real mientras que el cordero es una mera fábula. Habría dicho, más bien, que la mansedumbre es una mera sombra del cordero eterno. La diferencia es esencial para cualquiera que se interese de veras por esta espiritualidad profunda que es la única sensatez duradera de la humanidad. Lo personal no es una mera figura de lo impersonal; más bien, lo impersonal es un término torpe para referirse a algo más personal que la personalidad común. Dios no es símbolo de bondad: la bondad es símbolo de Dios.

Algunos pasajes de Blake, francamente extraños, se aclaran si tenemos esto en mente. No quiero extenderme aquí sobre el lado literario de Blake, pero hay cosas verdaderamente dignas de nota, y ésta es una de ellas: Blake era sincero; si estaba loco, lo estaba en toda la amplitud de su sinceridad. Y la huella mas pintoresca de su sinceridad es, justamente, que sus poemas contienen con frecuencia cosas que parecen simples errores. Da cuenta de sus más recónditas convicciones y el lector promedio cree que se trata de errores de imprenta. Por dar tan sólo un ejemplo —que parece no tener conexión con lo que venimos diciendo—, me permito citar el hermoso aunque desesperado poema llamado «El eterno evangelio», que comienza exactamente como lo hubieran querido los cristianos modernos, esencialmente humanitarios:

Este Cristo que tú ves
Es el peor enemigo del que yo veo

[The vision of Christ that thou dost see | Is my vision's greatest enemy]

y que continúa (para satisfacción de los cristianos modernos) denunciando a los sacerdotes y alabando solamente al Jesús de los Evangelios. El poema, sin embargo, llega a su culmen con este par de versos:

El tuyo es el amigo de todo el mundo,
El mío habla en parábolas a los ciegos.

[Thine is the friend of all mankind, | Mine speaks in parables to the blind.]

En este punto, los cristianos modernos se topan con una sorpresa: Blake amonesta tranquilamente al Cristo ortodoxo por ser amigo de toda la humanidad. Un cristiano moderno sin duda culparía al impresor: sólo podría suponer que las palabras «tuyo» y «mío» han intercambiado lugares por accidente. Blake, sin embargo, quiso decir exactamente lo que dijo: su imagen privada de Cristo era la de un ser violento y misterioso, a menudo indignado y ocasionalmente desdeñoso.

Pues Jesús obra con un franco y triunfante orgullo,
Y ésta es la razón de su muerte.
Si hubiese sido el Anticristo, un Jesús lisonjero,
Hubiera hecho cualquier cosa para adular nuestra condición,
Hubiera visitado hipócritamente las sinagogas,
Y no hubiese tratado a antepasados y sacerdotes como a perros.

[He acts with honest disdainful pride, | And that is the cause that Jesus died; | Had he been Antichrist, creeping Jesus, | He would have done anything to please us, | Gone sneaking into their synagogues, | And not use the elders and priests like dogs.]

Cuando el lector ha comprendido cabalmente esta idea de un Jesús feroz y misterioso, puede ver el sentido de la afirmación que hemos citado arriba: este Jesús habla en parábolas a los ciegos, mientras que un Jesús inferior y mezquino pretende ser amigo de todos los hombres. Sin embargo, hay que conocer bien la doctrina de Blake para poder entender apenas dos versos de uno de sus poemas.

Pero hay otra cita (y sin duda mucho más de una) que continúa en esta misma veta fantástica. Si el hombre moderno ordinario, que en términos generales no es ni materialista ni místico, lee estos versos del poema llamado falsamente «Augurios de inocencia»:

Dios aparece, Dios es luz
Para las almas desvalidas que moran en la noche

[God appears and God is light | To those poor souls that dwell in night],

no encontrará en ellos nada objetable; en cambio, probablemente inclinará levemente la cabeza, como si estuviera en la iglesia, ante una verdad que salta a la vista. Pero enseguida verá estas dos líneas:

Pero descubre su humana forma
A quienes moran en los dominios del día.

[But does a human form display | To those that dwell in realms of day.]

En ese momento, el hombre moderno se sentará en el sofá y, después de reflexionar un poco, llegará a la conclusión de que William Blake, sin más, estaba loco.

No obstante, estos dos versos dan cuenta de lo mejor que hay en Blake y en toda la tradición de los místicos: explican a la perfección lo he señalado antes con respecto de las visiones palpables y del circunspecto querubín. Es justamente este aspecto de Blake el que ha de ser comprendido en primer lugar. Para Blake, Dios no se hace más diáfano y difuso a medida que nos acercamos a Él, sino más sólido. A la distancia es fácil creer que Dios es impersonal, pero si se tiene una relación personal con Él, se le reconoce como una persona. Dios, pues, es personal: el Dios impersonal de los panteístas no era sino una especie de símbolo condescendiente. Según Blake, esta vaga visión cósmica no es más que una compasiva preparación para la antigua visión práctica y personal, aunque mucha gente hoy en día se niegue a admitirlo. Dios es mera luz tan sólo para los que no están iluminados: para los iluminados, Dios es un hombre. Ser evolucionistas o panteístas es una concesión hasta que llegue la hora en que seamos dignos de ser antropomorfistas.

Entendamos esta concepción de Blake, en la que lo divino es más corpóreo y definido cuando lo conocemos realmente, y sus versos solemnes y el extraordinario literalismo de sus obras pictóricas serán fácilmente comprendidos. Si en su tratamiento de la divinidad las figuras alcanzan la máxima definición es porque pensaba que, mientras más definidas, las figuras serían más divinas. Naturalmente, Dios no podía ser para él una luz tenue que atraviesa la maraña de la evolución, ni un brillo cegador en lo más alto del cielo. En cambio, Dios es el anciano magnífico que Blake retrata en las oscuras y extraordinarias ilustraciones del Libro de Job: un viejo de monstruosa musculatura, de cejas severas y pobladas, de barba y cabello largos, suaves y plateados [fig. 22]. En los diálogos entre Jehová y Job, existen poquísimas diferencias entre los dos ancianos inequívocos y palpables, excepto porque la visión de la deidad es un poco más sólida que la del ser humano. Para Blake, la divinidad es más sólida que la humanidad, y lo ideal no es sólo más hermoso, sino más concreto que lo real. Una persona culta que contemplara esos dibujos hoy en día podría pensar que en ellos Dios no es sino el hermano gemelo de Job. Blake habría respondido que Job es una imagen de Dios.

Quizá la mejor manera de resumir el arte de Blake, desde su fase más superficial hasta la más sutil, sería tomar algún dibujo rápido y representativo y discutirlo a cabalidad: primero, su título y tema; luego, su imagen y forma y, por último, sus principios fundamentales y sus implicaciones. Tomemos por ejemplo el extraño dibujo que se halla reproducido en una de las páginas de la *Vida de Blake*, de Alexander Gilchrist.

La perspectiva más obvia, inmediata y popular de Blake está muy bien representada en el simple título del dibujo: lo primero que cualquier persona notará es que se llama *El fantasma de la pulga* [fig. 23], lo que sin duda le resultará divertido. Blake era un bromista, cosa que debe tenerse en cuenta. Considerada como un crucigrama o un juego de salón, la su obra resulta muy entretenida: he conocido familias cultas que fatigan las tardes de invierno intentando entender el poema titulado «El viajero mental», o preguntándose cual podría ser el significado de la estrofa que dice:

> La pequeña Mary Bell guardaba un hada en una nuez,
> El alto John Brown, llevaba al diablo en el corazón;
> El alto John Brown se enamoró de la pequeña Mary Bell,
> Y el hada encerró al diablo dentro de su nuez.

[Little Mary Bell had a fairy in a nut, | Long John Brown had the devil in his gut; | Long John Brown loved little Mary Bell, | And the fairy drew the devil into the nutshell.]

Es un hecho que esa estrofa nos intriga y nos divierte; es como tener un vecino extremadamente excéntrico en el jardín de al lado: antes que conocerlo, nos agrada chismorrear sobre él. En cuanto al título de *El fantasma de la pulga*, encarna todo aquello que hace de Blake el centro del chismorreo literario.

Pero habiendo disfrutado de la extravagancia del título, miremos por un momento el dibujo. Intentemos describir, en la medida en que las palabras pueden hacerlo —no siendo trazos—, cómo imaginaba Blake el fantasma de una pulga. La escena sugiere un corredor alto y sombrío como el que podría haber en el castillo de un gigante. Por este corredor se desplaza una figura desnuda y enorme, de hombros enhiestos. En una mano sostiene un peculiar cuchillo curvo de sanguinario diseño; en la otra, una especie de cuenco de piedra. La línea que más llama la atención en la composición es la dura curva de la columna vertebral, que sube sin la menor desviación hasta la nuca de la brutal cabeza, como si toda la espalda de aquel ser estuviera construida como una torre de piedra. Su rostro no es en absoluto humano: tiene algo de águila y también algo de cerdo; sus ojos destellan con un brillo lunar pariente de la locura. La figura parece estar atravesando una cortina y entrando en una habitación.

Dicho lo anterior, podemos destacar el segundo hecho acerca de Blake: si su objetivo es ponernos la piel de gallina, lo logra perfectamente. Sus cucos son cucos consumados y cumplidores. En su visión del fantasma de una pulga como una especie de vampiro que merodea por los altos corredores durante la noche hay algo que captura la imaginación. Blake ya nos parecía un loco entretenido, y ahora nos resulta también interesante; continuemos con el proceso.

Lo siguiente que hay que notar en el dibujo es que, para Blake, el fantasma de una pulga representa la idea, el principio de una pulga. El principio de una pulga (por lo que puede verse) es su sed de sangre, el hecho de que se alimente de la vida de otro, la furia del parásito. Puede que las pulgas tengan nobles sentimientos y reflexiones, pero de eso no sabemos nada. La visión de una pulga es la visión de la sangre, y eso es lo que Blake ha reflejado. Y ése es el siguiente punto a destacar en su misticismo: se interesa en las ideas que ciertas cosas representan. Para él, el tigre significa una terrorífica elegancia; el árbol, una fuerza silenciosa.

Si concedemos que Blake está interesado no en la pulga, sino en la idea de la pulga, podemos continuar con el paso siguiente, que es particularmente importante. Todos los grandes místicos van por el mundo con una lupa. Ven cada pulga como un gigante, tal vez como un ogro. He hablado del gran castillo en el que estos gigantes habitan pero, en realidad, la alta torre de la que hemos hablado es el microscopio. No podemos negar que, al ver el fantasma de una pulga diez mil veces más grande que cualquier pulga, Blake se comporta como un verdadero místico. Pero hay algo que nos impresiona aún más: se trata del eje sobre el que gira toda comprensión posible del arte de Blake. Es éste: que el fantasma de la pulga no es sólo más grande que la pulga, sino de hecho más sólido. La pulga misma es borrosa y fantástica comparada con la portentosa y sólida concreción de su fantasma. Si lo hemos comprendido, estamos en condiciones de comprender la segunda de las grandes ideas de Blake: la idea de las ideas.

Resumir en una frase suficientemente simple la filosofía de Blake es imposible porque ésta no era en absoluto simple. Quienes imaginan que, dado que hablaba de corderos y margaritas, de Jesús y de los niños, sencillamente predicaba un evangelio de buena voluntad, interpretan erróneamente toda la naturaleza de su mentalidad. Nadie ha tenido jamás dogmas tan estrictos, nadie insistió tanto en que la religión debe sustentarse en una teología. El eterno evangelio distaba de ser simple. En un plazo de diez años, Blake fraguó un sistema teológico tan enmarañado e interdependiente como el que la Iglesia católica ha construido en dos mil. En su mayor parte, por cierto, lo heredó de antiguas herejías mucho más doctrinarias que la ortodoxia a la cual se opusieron. Entre ellas destacaban los gnósticos, y en algún grado los franciscanos locos que siguieron a Joaquín de Fiore. Pocos hombres modernos reconocerían a un Akamoth o a un Eón si lo tuvieran delante; sin embargo, hay que relacionarse en términos bastante íntimos con estos antiguos dioses y demonios místicos para desplazarse con facilidad por el cosmos que le era familiar a Blake.

Intentemos, sin embargo, plantear breve y sencillamente la postura de Blake y de los místicos como él. No se me ocurre una frase más económica que ésta: la escuela a la que perteneció Blake negaba en especial la autoridad de la Naturaleza. Algunos llegaron al extremo de abrazar la locura maniquea y afirmar que el universo material era en sí mismo maligno. Algunos, como Blake y la mayor parte de los poetas, lo consideran una sombra o una ilusión, una especie de broma del Todopoderoso. Ahora bien, sin importar si el universo es maligno o ilusorio, la Naturaleza no es nuestra madre. Blake aplica en este caso las extrañas palabras que Cristo le dijo a María y, en muchos poemas, le dice a la madre Naturaleza: «¿Qué tengo yo contigo, mujer?». Es común vincular a Blake con William Wordsworth por sus baladas sobre niños y ovejas. La verdad es que eran decididamente opuestos. Si Wordsworth era el poeta de la Naturaleza, Blake era, decididamente, el poeta de la Antinaturaleza. Postuló, contra la Naturaleza, una entidad a la que llamó Imaginación; pero la palabra, tal como se usa comúnmente, dice muy poco de las intenciones de Blake. No se refería a nada fantástico y velado, sino a algo claro, definido e inalterable. Al decir imaginación, quería decir imágenes: las imágenes eternas de las cosas. Podríamos matar a tiros a todos los leones de la tierra, pero no podemos destruir al León de Judea, el león de la Imaginación. Podríamos sacrificar a todos los corderos del mundo y comérnoslos, pero no podemos matar al cordero de la Imaginación, que es el Cordero de Dios que quita los pecados del mundo. La filosofía de Blake, en síntesis, postulaba que lo ideal es más concreto que lo real del mismo modo que, para Euclides, el triángulo perfecto que imaginamos es más concreto (y más práctico) que el triángulo defectuoso que podemos ver en la pizarra de un aula.

Muchas de las ilustraciones de Blake se hacen inteligibles (hasta donde esto es posible) si tenemos este principio en mente. Por ejemplo, hay un hermoso dibujo que representa a un joven de gran belleza, heroico y desnudo, que hace unos trazos sobre la arena [fig. 24]. Al ver el título, el observador se sorprende de que se trate de un retrato de Isaac Newton. No era una simple exageración: desde la perspectiva de Blake, el Isaac Newton eterno, tal como Dios lo concibió, era sin duda más real que el hombre terrenal que alguna vez fue viejo o que, por un mero accidente sublunar, usaba ropa. Así, cuando describe este dibujo como un «retrato», Blake no está diciendo nada absurdo desde su punto de vista: el dibujo refleja la forma y la fisonomía de alguien real, distinto de cualquier otra persona, tal como si se tratara de un retrato al óleo común y corriente de un alcalde.

La más fundamental de sus ideas se expresa en una frase que dejó caer como por accidente: «La Naturaleza no tiene contornos, pero la imaginación sí». Ante la evidencia de que, a través del microscopio, una nítida línea negra se revela siempre rugosa y de bordes difusos, la reacción de Blake sólo podría ser: «Pues peor para el microscopio». Ante la evidencia de que las líneas puras sólo existen en la mente, Blake alegaría sin duda: «Pues mucho mejor para la mente». Si la arena se pone húmeda y se apelmaza cuando se encuentra y se mezcla con el mar, peor para ella. Si la idea de una verdad clara y distinta sólo existe en el intelecto, entonces ése es el lugar más propicio para la existencia. En suma, Blake creía realmente que el hombre, como imagen de Dios, tiene derecho a imponerle una forma a la naturaleza. Se habría reído de los evolucionistas modernos, que piensan que hay que permitirle a la naturaleza imponer su amorfia sobre el hombre. Para él, dada su autoridad como embajador plenipotenciario de los cielos, las líneas de un paisaje podían trazarse con la rotundidad de las fronteras. Cuando dibujó los contornos de su Leviatán [fig. 25], en realidad dibujaba la red divina que lo constreñía. Sus toros y leones eran domésticos desde su misma creación. Y cuando en algún dibujo trazó, entre el mar y la tierra, una línea inexistente en la naturaleza, afirmaba, apelando a un derecho sobrenatural: «Hasta aquí puedes llegar y no más allá, y aquí tus soberbias olas deben detenerse».

He elegido el símbolo del mar en parte porque a Blake le gustaban esas imágenes elementales y, en parte, porque se trata de una imagen especialmente apropiada para la gran idea que Blake tenía de los límites de la eterna imaginación. Casi todo lo que se dice sobre el mar, en especial, es espiritualmente falso. La gente suele decir del mar que es vasto y difuso, cambiante e indefinido, como si su magia consistiera en no tener líneas o límites. Pero, para los ojos y el alma, el hechizo del mar consiste precisamente en que es la única línea recta que puede encontrarse en la naturaleza. Se habla del océano infinito. Artísticamente, sería más acertado hablar de la infinidad de un pajar, puesto que éste efectivamente se deshace en flecos contra el cielo. La línea del horizonte, en cambio, no es solamente sólida, sino tensa, como las cuerdas de un violín. Siempre siento temor de que la línea del horizonte se corte súbitamente. Y es la definición casi matemática del mar la que lo convierte en el fondo decididamente romántico de las batallas y figuras humanas. En sus tiempos católicos, se hablaba de Inglaterra como el Jardín de María. Y ese jardín es más hermoso justamente por estar encerrado entre cuatro muros sólidos y angulosos de zafiro y esmeralda. Cualquier mata, cualquier ramita se puede curvar de un modo incalculable. Cualquier mancha de musgo puede contener en sí misma una infinita irregularidad. El mar es la única cosa realmente excitante porque es la única cosa plana.

Si el lector no puede aceptar estas ideas como verdaderas, al menos debe aceptarlas como un ejemplo de la clase de cosas que William Blake creía ciertas. Para él, el mar no era una disipación, sino un muro. La Naturaleza no tiene contorno, pero la imaginación sí y, por tanto, sólo la Imaginación es confiable.

Lo anterior explica muchas cosas. Blake se mostró entusiasta con la Revolución francesa y, no obstante, odiaba esa escuela de escépticos que, para muchos, hizo posible la revolución. No tenía nada contra Marat, pero detestaba a Voltaire. Las razones son obvias si se tienen en cuenta sus ideas acerca de la Naturaleza y la Imaginación. Los idealistas republicanos le gustaban porque eran idealistas, porque sus doctrinas sobre la justicia y la igualdad eran abstractas. Pero la escuela de Voltaire era naturalista: insistía en recordarle al hombre su origen terreno, incluso su degradación, perfectamente terrenal. La guerra que Blake defendía era la que enfrentaba lo invisible contra lo visible. Valmy y Arcola formaban parte de esa guerra porque que su lucha enfrentaba a los reyes visibles con la invisible República. Pero la guerra de Voltaire era exactamente lo contrario: buscaba el descrédito de la Iglesia invisible mediante la indecente exhibición de la Iglesia real, con sus frailes gordos y sus viejas tontas. Blake no sentía la menor simpatía por el acto simple de arrojar hechos para intentar derribar un gran concepto. Con una metáfora auténticamente poderosa y exacta, describe la impotencia del ataque de los escépticos, terrenal y fragmentario:

> Seguid burlándoos, seguid, Voltaire, Rousseau,
> Seguid burlándoos, seguid, aunque es inútil,
> Habéis lanzado arena contra el viento
> Y éste os la devuelve.

[Mock on, mock on, Voltaire, Rousseau, | Mock on, mock on, 'tis all in vain, | You throw the sand against the wind | And the wind blows it back again.]

Una imagen excelente para denostar a quien blande los detalles como un arma.

Existen ciertos conceptos de Blake que no me parecen en absoluto admirables y que me niego rotundamente a defender. Algunas de sus ideas no son, en realidad, sino aquello que el medievo llamaba herejías, y que hoy (con un instinto igualmente saludable, pero con menos claridad científica) solemos describir como caprichos. Sin importar si se trata de una o de otra cosa, resulta fácil de definir: igual que una herejía, un capricho es la exaltación de algo que, aún siendo cierto, es secundario o temporal por naturaleza, frente a aquellas cosas que son esenciales y eternas: las que prueban ser verdaderas en el largo plazo. En resumen, se trata de anteponer el ánimo, las manías, a los dictados de la razón. Por ejemplo, parece legítimo preguntarse si las ostras no sufrirán al ser comidas, pero es un capricho pretender matar de hambre a seres humanos por impedirles comer ostras. Es sin duda legítimo sentirse compelido a asesinar al señor Dale Carnegie, pero es un capricho sostener seriamente que cualquier individuo tiene derecho a hacer tal cosa. Todos tenemos momentos de emoción en los que quisiéramos comportarnos groseramente en el salón de una casa, pero es un capricho pretender transformar todos los salones en lugares donde somos groseros. Todos tenemos en algún momento la tentación casi sagrada de gritar de pronto a toda voz, pero querer ir gritando por ahí lo que nos resta de vida es un capricho. Quien tira una bomba es un asesino, pero quien arroja bombas constantemente es, en el mejor de los casos, un fanático. Éste es el problema que, en parte, envenenó a la gente de la que William Blake heredó, si no la sangre, sí la perspectiva. El verdadero problema del puritanismo no es que haya sido un prejuicio absurdo, ni tampoco (como pudiera parecerle a algunos) que se tratara de una forma de culto satánico. Sus motivaciones originales no eras ésas.

El puritanismo fue una manía honorable, una moda bienintencionada; en otras palabras: un error digno de encomio. Todos nos hemos encontrado alguna vez en un estado mental en el que desearíamos destruir crucifijos y mitras dorados simplemente porque son dorados. Sabemos hasta qué punto resulta natural en ciertos momentos sentir ganas de darle un puntapié a un clérigo tan sólo por que es un clérigo. Pero si nos cuestionamos con seriedad si a la larga la humanidad no es más feliz con una religión vestida de dorado en vez de gris, llegamos a la conclusión de que el oro de la cruz o el cáliz le da más placer a la mayoría que dolor momentáneo a nosotros mismos. Si nos preguntamos de verdad si las religiones no funcionan mejor cuando quienes se encargan del duro trabajo religioso son sacerdotes, llegamos a la conclusión de que es así: el anticlericalismo responde a un ánimo generoso e idealista, pero el clericalismo es una permanente necesidad práctica. Para echar mano de una metáfora más simple y cotidiana: es natural que cualquier pobre londinense sienta en ocasiones el deseo abstracto de agredir al alcalde, pero de eso no se sigue que los habitantes de la ciudad agradecieran la abolición de una de las mayores fiestas de Londres, que es justamente la Fiesta del Alcalde.

De modo que podemos decir con certeza que Blake (al menos en parte) era peor que un maníaco: era un caprichoso. Permitía que aspiraciones y prejuicios casuales o parciales lo controlaran en perjuicio de instancias más humanas y duraderas: aquello que compartía con todos los hombres. Por supuesto, no me refiero a su relación con lo sobrenatural, una cuestión en la que no estaba en absoluto sólo y frente a la cual sus ideas no resultaban particularmente excéntricas. Tampoco a su querencia por lo maravilloso, lo temible e incluso por lo arcano: templos, iniciaciones y jeroglíficos. Porque esa clase de misterio es bastante popular, diríamos incluso bastante democrático: un secreto a voces.

En la Inglaterra moderna resulta muy común que alguien diga que tiene demasiado sentido común como para creer en fantasmas. Pero es justamente el sentido común, la opinión más difundida, la que favorece esa creencia. No es extraño que alguien afirme que prefiere el sentido común a los engaños y tonterías del ritual de la Iglesia. Pero es justamente el sentido común el que las favorece. Aquel que intenta vivir sin símbolos se convierte en un profeta tan austero y aislado que termina por parecerse peligrosamente a un loco. Entre los otros hombres, el que no cree en fantasmas es visto como un fanático y solitario soñador. Por tanto, en ningún sentido considero las visiones y símbolos de Blake, ni siquiera los más locos y descabellados, entre sus verdaderas manías y caprichos. Sin embargo, entre sus ideas había algunas que eran verdaderos caprichos y excentricidades: no se trataba de sentimientos humanos comunes llevados a la exageración, sino de la definitiva negación de esos sentimientos. Blake no fue el campeón de la humanidad, sino alguien que la atacaba y la obstruía. De esto último, existen innumerables ejemplos. Incluso, subyacía a la molesta e incluso pedante insistencia de Blake en la malignidad de la guerra. Había algo de Lev Tolstói en Blake; es decir, algo inhumano y, a la vez, también algo heroico. Pero esas alusiones a la guerra, infrecuentes por otro lado, no son el mejor ejemplo. Lo importante, en todo caso, es que cuando se equivocaba lo hacía como intelectual y no como poeta.

Tomemos, en cambio, su idea de ir desnudo. En mi opinión, en este asunto Blake se comporta sencillamente como un teórico duro. A pesar de su imaginación y su buen humor, tenía también un toque de fatuo moralismo. Era obsceno a causa de sus principios, igual que, en gran medida, lo fue Walt Whitman. Si se supone que un diccionario contenga todas las palabras, debe contener también groserías. Si *Hojas de hierba* se concibió como una alabanza de todas las cosas, era lógico que alabara también las cosas más groseras. Pues bien, había algo de esta pedante perfección en las salidas de Blake. Del mismo modo que el fanático de la higiene insiste en usar prendas de cierto fabricante que garantiza la higiene, Blake insistía en no usar ropa. Al igual que el esteta debe usar sandalias, él no usaba calzado alguno. No era que no respetara ninguna ley: respetaba su lógica de proscrito como si se tratara de una ley.

En su rebeldía no había nada de poético. William Blake era un gran poeta, pero en este aspecto carecía de toda poesía. Walt Whitman era un gran poeta, pero en este punto era prosaico y fatuo. Siendo ambos hombres extraordinarios, no fueron poetas por rasgar el velo del sexo. Por el contrario: los hombres todos son poetas porque tienden un velo para cubrir el sexo. El labrador no ara por la noche justamente porque no encuentra que arar sea especialmente romántico. En cambio, hace el amor por la noche porque se siente especialmente romántico en relación al sexo. En este respecto, Blake no sólo no era poético, sino mucho menos poético que la vasta mayoría de los hombres comunes. El decoro no es una convención producto del exceso de civilización: el decoro no es dócil, sino salvaje, tan salvaje como el viento nocturno.

Misterioso como la luna que pende
A medianoche entre los pinos de Var.

[Mysterious as the moons that rise | At midnight in the pines of Var.][9]

[9] Hillaire Belloc, «A Bivouac» (Un vivac).

El decoro es algo demasiado fuerte y elemental para que la pedantería moderna lo comprenda; demasiado salvaje, podría decirse incluso. Lleva en sí el goce de la huida y la antigua timidez de la libertad. En este aspecto, Blake y Whitman sucumben a la pedantería moderna. Al no admirar la reticencia sexual, estos dos grandes poetas simplemente no comprenden uno de los poemas más grandiosos de la humanidad.

He dado un ejemplo del desprecio de Blake por la idea de misterio y pudor que se refleja en el vestir. La pretensión de despojar al altar del Espíritu Santo de sus cortinas de oro y púrpura es poco poética igualmente, pero hay ejemplos aun más fuertes en su teología y su filosofía. Así, Blake se imbuyó de la idea —común entre los primeros gnósticos y no del todo desconocida en nuestros días para los especuladores de la Ciencia Cristiana— de que la crucifixión fue un símbolo de debilidad. Si Cristo compartía la naturaleza divina (siempre según este argumento), debió haber compartido la inmortalidad: debió haber vivido entre nosotros para siempre. Impúdicamente —porque aquí sólo puede hablarse de impudicia—, Blake quiso ver en los hechos de Getsemaní una especie de degradación moral: la debilidad súbita del que acepta la muerte. La idea, bastante difundida, de que los vicios son poéticos no tiene ningún fundamento, y he aquí un ejemplo excelente de lo poco poético que es el vicio de lo profano. La blasfemia no es salvaje: es prosaica por naturaleza. Consiste en considerar de un modo pedestre algo que otros más felices ven de un modo extático e imaginativo. Esto se distingue claramente en el pobre de Blake y en su herejía gnóstica sobre Jesús. Al sostener que Cristo mostró debilidad al ser crucificado se muestra como un pedante, no como un poeta. Si hay un punto en el cual el espíritu de los poetas y el alma poética están del lado del cristianismo, es exactamente allí donde Blake se pone en contra del cristianismo: «Fue crucificado, muerto y sepultado». El espectáculo de un Dios que muere es mucho más grandioso que el espectáculo de un hombre que vive para siempre. El primero sugiere que hay cambios terribles que han penetrado en la alquimia del universo, el segundo apenas evoca vagamente a octogenarios higiénicos y a la sal de frutas Eno. Más aún, para el poeta, igual que para el niño, la muerte es terrible, incluso si es deseable. Hablar de la muerte (como hacen algunos teósofos) como si no significara nada, como quien entra en la habitación de al lado, no es sólo prosaico y profundamente anticristiano: es decididamente vulgar. Va en contra de las más íntimas y secretas emociones de la humanidad. Es indecente, como lo sería convencer a un campesino de que anduviera desnudo. Hay más del canto y de la música de la humanidad en un notario vistiendo su traje de domingo que en un fanático corriendo desnudo por la calle. Y hay un misticismo más verdadero en clavar la tapa de un ataúd que en pretender, en un gesto puramente retórico, abrir de par en par las puertas de la muerte.

He dado dos ejemplos de las creencias antihumanas de Blake que antes he descrito como caprichos: la cuestión de la ropa y la de la crucifixión. Podría dar muchos más, pero creo que la naturaleza de esas creencias ya ha quedado bastante clara. Se trata de asuntos en los que Blake dejó de ser un poeta al separarse por completo, y no sólo de un modo parcial, de la gente. En mi opinión, lo anterior se vincula con esa característica suya a la que me refería al analizar el siglo XVIII: el cariz oligárquico y fastidioso de los místicos y los masones de la época, fundados en una atmósfera de jerarquías e iniciaciones. La principal diferencia entre el cristianismo y las miles de escuelas trascendentales de hoy en día es básicamente la misma que la que había hace dos mil años entre el cristianismo y los mil ritos y sociedades secretas del paganismo. La diferencia más profunda es ésta: que los misterios paganos son aristocráticos, dado que sólo se dirigen al entendimiento de algunos, mientras que los misterios cristianos son democráticos, dado que nadie los entiende en absoluto.

Una vez establecido el elemento dudoso e incluso falso de la filosofía de Blake, podemos afirmar con mayor soltura, y más exhaustivamente, en dónde radica el valor auténtico de su filosofía. Radica en su desafío apacible y positivo del materialismo, un asunto en el que todos los místicos, paganos y cristianos, se han embarcado desde tiempos inmemoriales. Es natural que se hayan cometido muchos errores, que se haya echado mano de peligrosas falacias y que, incluso, se haya arruinado la tierra en beneficio del éter. Pero la guerra en la que estaban involucrados ha sido sin embargo el más noble e importante esfuerzo de la historia de la humanidad. Y en todo aquel ejército no hubo jamás un guerrero más grande que Blake.

El siglo XVIII —y en eso radica una de sus contradicciones más curiosas y arraigadas— es una mezcla de la revolución más profunda con el convencionalismo más superficial. Casi podría decirse que los hombres de aquella época habían transformado la moral mucho antes de pensar en cambiar las costumbres. La Revolución francesa fue especialmente francesa a ese respecto, puesto que, por sobre todas las cosas, fue una revolución respetable. Se perdonó la violencia y la locura, pero no la excentricidad. Los franceses cortaron la cabeza al rey mucho antes de pensar siquiera en ahorrarse el polvo de sus pelucas. Dantón fue capaz de comprender las matanzas de septiembre de 1792, pero no el culto a la diosa Razón, ni las extravagancias del loco alemán Anacharsis Cloots. Robespierre se cansó del Terror, pero nunca de afeitarse cada mañana. Es imposible no tener la impresión de que tales cosas, más bien, son características de las revoluciones que verdaderamente marcan la diferencia y desafían al mundo. Lo mismo podría decirse de ese falaz, aunque potente y genuino monumento inglés que se resume en las palabras *Darwin* y *evolución*. Lo más sorprendente de los espléndidos agnósticos ingleses de antaño es que hayan sido completamente indiferentes a los cambios de la moda, que hayan dado por supuesto, al parecer, que el enorme vuelco intelectual del agnosticismo dejaría intacta la obvia respetabilidad de la vida. Pensaban que se podía cambiar la cabeza de alguien sin cambiar su sombrero. Pensaban que se podían destruir las alas gemelas de un arcángel sin poner en duda los mostachos gemelos de un académico victoriano. Y aunque indudablemente hubiera una cuota de humor solemne en tal postura, al final me parece que los agnósticos de la segunda mitad del siglo XIX estaban poniendo en marcha la clase correcta de revolución. Se sabe bien que son los hombres de antiguo cuño los que introducen las opiniones valiosas de nuevo cuño. Porque la sinceridad de tales hombres se demuestra no sólo en el hecho de que les importe su nueva verdad, sino en que no les importa la antigüedad de su facha. La filosofía de Herbert Spencer adquiere más seriedad, si cabe, porque la apariencia del filósofo —a juzgar por sus fotografías— era sorprendentemente absurda. Y mientras los *tories* caricaturizaban a William Gladstone por haber introducido una legislación demasiado novedosa, también lo denostaban por vestir cuellos anticuados.

Ahora bien, aunque esa extraña combinación de convencionalismo en cosas pequeñas y revolución en las cosas grandes no es poco común entre los reformistas sanguíneos y humanos, el siglo XVIII enfatizó especialmente esa combinación: los mismos hombres que realizaban los actos más terribles y temerarios hablaban y escribían con tan remilgosa propiedad y tan afeminada y fastidiosa elegancia que su estilo nos resulta prácticamente intolerable hoy en día. Los hombres del XVIII utilizaban términos como «exquisita criatura» para referirse a una mujer, pero al cabo eran perfectamente capaces de enfrentar un toro salvaje para poner a esa mujer a salvo. Las descripciones dieciochescas de la república ideal proyectan un lugar que contiene al mismo tiempo la más refinada sensibilidad a la virtud y las más voluptuosas seducciones del placer, sin embargo, los hombres del XVIII estaban perfectamente dispuestos a dejarse mutilar con un hacha o a que los dispararan desde un cañón para conseguirlo. Podían perseguir ideas nuevas con la constancia inequívoca y viril que suele corresponder a las ideas consagradas, lo que sólo se explica si entendemos que, por muy revolucionarias que fueran, aquellas ideas eran antiguas, por lo menos en el sentido de que movían a rastrear el origen mismo de alguna esperanza fundamental. Usaban pelucas empolvadas porque en verdad creían que un hombre civilizado debía ser civilizado o, si se quiere, artificial. Hablaban de «exquisitas criaturas» porque pensaban de verdad que las mujeres debían ser exquisitas. Los rebeldes de antes conservaban sus antiguas tradiciones, incluida la tradición de rebelarse. Los nuevos rebeldes, los revolucionarios de hoy, están resueltos a introducir nuevos usos en calzado, camas, comida, o muebles, así que no tienen tiempo para rebelarse. Sea como fuere, sólo cuando hayamos comprendido ese aspecto del siglo XVIII que insiste en la necesaria exquisitez de una dama, estaremos en condiciones de comprender en lo fundamental las relaciones de Blake con aquel siglo. A estas alturas, describir a Blake como un artista fantástico es casi un automatismo y, sin embargo, hay un sentido muy concreto en el cual Blake es decididamente convencional. Si el lector piensa que esa frase es paradójica, verá que es verdad si compara incluso la obra más salvaje y arbitraria de Blake con la de cualquier artista meramente moderno con reputación de salvaje como Aubrey Beardsley o Dante Gabriel Rossetti. Los héroes de Blake son héroes convencionales a quienes se atribuye una heroicidad poco convencional. Las heroínas de Blake son criaturas exquisitas, aunque sin ropa. En ambos casos, sin embargo, Blake exagera e insiste en el ideal tradicional de los sexos: los anchos hombros del dios, las anchas caderas de la diosa. Blake detestaba la sensualidad de Rubens, pero de haberse visto obligado a elegir entre las mujeres de Rubens y las de Rossetti, sin duda se habría arrojado al cuello de Rubens. Porque tenemos una idea falsa de lo que constituye una exageración. La gente de finales del siglo XVIII (al ser una época dogmática) creía en ciertas cosas que al cabo exageraba. La gente de finales del siglo XIX simplemente no sabía qué exagerar, por lo cual se dedicó simplemente a menospreciar. Blake se esforzó en que su William Wallace [fig. 26] luciera más temerario y feroz de lo que resulta verosímil: en esto consistía su exageración. Pero la exageración del Perseo de Edward Burne-Jones [fig. 27] no es en absoluto una exageración. Se queda corta, porque todo su atractivo se limita al hecho de que se vea atemorizado. Las figuras femeninas de Blake son agresiva y monstruosamente femeninas: allí radica su atractivo, si es que lo tienen [fig. 28]. Pero el atractivo de las mujeres de Beardsley —si lo tienen— consiste precisamente en el hecho de que no son del todo mujeres [fig. 29]. Lo que nos parece exageración es en realidad una disminución. Lo que nos podría parecer fantasía resulta de no estar a la altura de los hechos. Los hombres de Burne-Jones son interesantes porque no son lo suficientemente valientes para ser hombres. Las mujeres de Beardsley son interesantes porque no son suficientemente hermosas para ser una mujeres. Pero los hombres de Blake son valientes hasta la indecencia, y sus mujeres están tan arrogantemente resueltas a ser bellas que se afean en el proceso. Si de verdad se quiere entender esto que digo, recomiendo observar uno de esos extraordinarios dibujos de ninfas en los cuales una mujer —o como le gustaba decir a Blake: «la forma femenina»— debe realizar una imposible hazaña acrobática. La acrobacia es imposible, pero inequívocamente femenina. Quiero decir: una serpiente podría realizarla, pero sólo si es hembra. Pero nadie le pediría a una mujer de Burne-Jones o de Beardsley que realizara ningún tipo de atletismo.

En lo que toca a su arte pictórico, Blake no era sencillamente un maestro de lo lunático o de lo grotesco. Por el contrario, comparado con otros artistas era un promotor excepcional de lo bien hecho y lo razonable. De hecho, si ser «moderno» implica estar en contra de las grandes convenciones de la humanidad, ser indiferente a la diferencia entre los sexos o tender a despreciar los marcos doctrinarios, jamás hubo nadie tan escasamente moderno como Blake. Puede que haya estado loco, pero incluso en la locura existen variedades. Hay locos como Blake, que se enloquecen con la salud, y hay locos que se enloquecen con la enfermedad.

Se trata de una distinción perfectamente concreta. Se podría pensar que las extrañas mujeres semidesnudas de Aubrey Beardsley son feas igual que son feas las mujeres de Blake. Pero en las mujeres de William Blake no podemos evitar percibir un efecto peculiar y extraordinario: que son mujeres. Resultan exageradas del modo en que sólo puede serlo la forma femenina: contonean sus amplias caderas y llevan suelta la abundante y larga cabellera. En cambio, lo más extraño de las extrañas mujeres de Aubrey Beardsley consiste en que ni siquiera son mujeres. Son estrechas donde las mujeres tienen curvas y carecen de pelo allí donde debieran lucir una densa cabellera. Las mujeres de Blake son con frecuencia anatómicamente imposibles, pero mujeres hasta el punto de que no podrían ser otra cosa.

Esta comparación entre el arte de Blake y un arte como el de Aubrey Beardsley no es una simple impertinencia o un injusticia, sino una distinción auténticamente importante. Puede que la obra de Blake sea fantástica, pero se trata de una fantasía improvisada sobre una melodía antigua y reconocible. Exagera características. Las mujeres de Blake son demasiado femeninas, sus jóvenes son demasiado atléticos, sus ancianos son de una ancianidad estrambótica. Aubrey Beardsley, en cambio, no exagera: se queda corto. La energía de sus jóvenes es menor que la energía de la juventud. Sus mujeres fascinan por la debilidad de su sexo, más que por su fuerza. En fin, si alguien ha de exagerar la verdad, necesita una verdad que exagerar. El místico decadente no produce su efecto a través de la exageración, sino de la distorsión. La verdadera exageración es algo a la vez sutil y austero. La caricatura es algo serio: es de una seriedad casi blasfema. La caricatura supone hacer que un cerdo sea aún más cerdo de lo que quería Dios. En cambio, cualquiera puede quitarle todo lo que tiene de cerdo: cualquiera puede producir una impresión extraña poniéndole la barba de una cabra. En Aubrey Beardsley, la emoción artística —que sin duda existe— radica en que las mujeres no sean completamente mujeres ni los hombres completamente hombres. En Blake no hay el menor rastro del morbo de la deficiencia. No nos pide que creamos que un árbol es mágico sólo por estar atrofiado o que un hombre es un mago meramente por que tiene un solo ojo. La fantasía consiste, en su caso, en atribuirle a un árbol más ramas de las que realmente puede sostener, y en darle a un hombre unos ojos más grandes de lo que corresponde a su cara. Existe una gran diferencia entre lo fantástico y lo exagerado. Se puede ser fantástico simplemente dejando algo de lado: podríamos llamar fantástico un retrato de Wellington en el que se le represente sin nariz, pero difícilmente podríamos decir que se trata de una exageración.

Existe una eterna batalla en la que Blake se pone del lado de los ángeles y —lo que es mucho más arduo y peligroso— del lado de los seres humanos razonables. La cuestión es de tal modo importante que resulta incluso difícil de plantear, en razón de su misma realidad gigantesca. Porque en este mundo nuestro no avanzamos descubriendo pequeñas cosas, sino cosas grandes. Los detalles son lo primero que vemos, mientras que sólo muy lentamente percibimos el diseño —y algunos mueren sin haberlo visto nunca—. Todos nacemos en un campo de batalla: vemos ciertos escuadrones que galopan veloces vistiendo determinados uniformes; arbitrariamente, optamos por un color o por otro, por éste u otro estandarte. Pero a menudo nos toma tiempo darnos cuenta por qué se pelea, o incluso quién lucha contra quién. Podríamos decir, para seguir con la metáfora, que muchos hombres se han sumado al ejército francés meramente por amor al azul de su caballería; muchos y muy anticuados marineros del siglo XVIII se unieron a los chinos sólo porque usaban trenzas. Resulta fácil volverse en contra de lo que uno realmente es por ir tras alguna semejanza accidental con uno mismo. Se pueden envidiar los rizos de Hércules, pero no deberíamos envidiar el pelo rizado si no deseamos ser negros. Se puede lamentar tener una nariz corta, pero no deseemos que se haga más y más larga, hasta parecerse a la trompa de un elefante. Esperemos a saber, en términos generales, por qué se batalla, antes de lanzarnos rugiendo contra el ejército que avanza. Porque una batalla es un asunto muy complicado: cada ejército posee casacas de diferentes colores, cada sección de cada ejército avanza desde un flanco diferente. Podríamos creer que los Verdes atacan a los Azules en el instante en que ambos se combinan en una espléndida maniobra militar. Podríamos suponer que dos columnas semejantes se apoyan la una a la otra en el instante en que se preparan a enfrentarse a cañonazos y a tiros. Del mismo modo, en el mundo intelectual moderno vemos banderas de muchos colores y hechos de variado interés: lo que no vemos es el mapa. No estamos en condiciones de descubrir esa sencilla afirmación que se halla en el origen del problema. ¿Cómo lograr, pues, establecer de un modo simple y evidente el objetivo de la búsqueda, el eje primordial sobre el cual gira el problema moderno? No puede hacerse con largas exposiciones racionales: éstas, con su mero barullo, ocultan algo más sutil. Hay que buscar una simple metáfora cotidiana o una analogía obvia porque la cuestión no es compleja en exceso para el habla humana, sino excesivamente obvia.

La batalla fundamental —en la que, a pesar del fragor y del malentendido, Blake está del lado correcto— requeriría un libro sobre la propia batalla, y no sobre William Blake. Debido a un accidente afortunado, a la vez que engañoso, puede describirse en gran medida tanto en términos geográficos como filosóficos: la cruda verdad es que hay dos tipos de misticismo, el de la Cristiandad y el de Oriente. Está claro que el esquema de Oriente y Occidente resulta con frecuencia inadecuado, pero en este caso encaja perfectamente. Porque, aunque parezca extraño, la mayor parte de los movimientos meramente modernos no sólo remiten a un idealismo oriental, sino que sólo tienen en común ese orientalismo. Surgieron todos a la vez y, sin embargo, su único punto de contacto aparente es que todos provienen del Este. Así, un vegetariano moderno es por regla general también abstemio, aunque no haya la menor conexión intelectual entre consumir verduras y no consumir verduras fermentadas. Es perfectamente posible que un borracho que ha caído a una zanja se justifique al ser rescatado diciendo con voz cascada que si cayó a la maldita zanja fue por culpa de su excesiva devoción a una dieta de vegetales. Del mismo modo, alguien puede ser un experimentado caníbal y un abstemio estricto. Quizá pudieran encontrarse paralelismos más sutiles, pero lo único evidente es que el vegetarianismo es budista y la abstinencia mahometana. Igualmente, la verdad pura y dura es que no existe conexión lógica alguna entre ser agnóstico y ser socialista. Pero el hecho es que los chinos son tan agnósticos como los bueyes y los japoneses tan socialistas como las ratas. Estas lastimosas ideas: que el hombre no tiene destino divino individual y que su único destino terreno es ser un una pieza diminuta de la tribu o del panal, provienen todas del mismo lugar: soplan sobre nosotros desde el Este, y son tan frías e inhumanas como sólo puede serlo el viento de Levante.

De todas maneras, me resisto a aceptar esta torpe definición geográfica: pienso, más bien, en algo así como el espíritu de Asia, algo perfectamente definible que podría describirse aproximadamente como una simplicidad insana. En todos estos casos, nos encontramos ante personas que buscan perfeccionar alguna cosa acudiendo a la mera simplificación, obliterando ciertos rasgos especiales: su universo está repleto de pájaros sin alas, toros sin cuernos, mujeres sin cabello y vino incoloro, todo desvaneciéndose en un fondo sin forma. Por supuesto, existe una simplicidad cristiana que se opone a esta simplicidad pesimista. Igual que el místico de Occidente, el de Oriente puede describirse acudiendo a la imagen de un niño, pero el niño de Oriente pisotea el castillo hasta volverlo nuevamente arena y disfruta viendo como el pálido muñeco de nieve se convierte en un charco de agua sucia. Este retorno al caos y a una simplicidad sin confort es el único significado inteligente que puede atribuirse a las palabras *reacción* y *reaccionario*. En este sentido, buena parte de la ciencia moderna es reaccionaria, lo mismo que la mayor parte de los científicos modernos. Pero donde esta vuelta al abismo se puede ver con más claridad es en las sectas semiorientales a las que me he referido. La abstinencia es una simplificación: si se oponen a la cerveza no es porque ésta transforme a los hombres en bestias; por el contrario, su objeción a la cerveza es que ésta distingue de un modo incuestionable al hombre de la bestia. El vegetarianismo es una simplificación: el santón hindú que se alimenta de hierbas no desprecia el hábito de comer carne porque suponga la muerte de un animal; lo desprecia, más bien, porque alimenta a un animal: renueva los deseos y apetitos del animal humano. El agnosticismo, que proviene de Confucio, es una simplificación: supone la cancelación de todos los esplendores sombríos y los miedos en favor de una Arcadia que exige exclusividad: *il faut cultiver son jardin*. El patriotismo japonés, el ciego colectivismo de la tribu, es una simplificación: un intento de transformar nuestra turbulenta y variada humanidad en un enorme animal con veinte mil piernas y una sola cabeza. Existe una simplicidad totalmente opuesta, que nace de la dicha, pero todas éstas tienen su raíz en la desesperación.

En la práctica, hay una clase opuesta de misticismo: aquel que celebra la personalidad, la variedad positiva, y que enfatiza lo particular; así como, en general, el Oriente hace énfasis en el misterio de la disolución, en la práctica, el misterio de la concentración y de la identidad se manifiesta en las Iglesias históricas de la cristiandad. Ni siquiera los enemigos del cristianismo se atreverían a negar que éste es «personal» como lo sería un chiste vulgar: es corpóreo, vívido, quizá incluso feo. Asimismo, también es cierto que, por lo general, los místicos que rompieron con la tradición cristiana tendieron a desplazarse hacia la pesimista tradición oriental. El Oriente, con su serpentina combinación de oropel y auto humillación, de pesimismo y placer, penetró en la herejía albigense, lo mismo que en muchas otras. Todos aquellos soñadores que se descarriaron y abandonaron el camino de la cristiandad recalaron en la senda del hinduismo y vieron sus sueños transformarse en pesadillas. Aquellos que se apartaron de Cristo quedaron atrapados en la órbita de Buda, el otro gran imán de la humanidad, de signo negativo. El destino de todo visionario de nuestro tiempo es el siguiente: quien no consigue encaramarse a la cristiandad, se resbala hasta el Tíbet. El poeta más importante del idioma inglés actualmente (apenas es necesario decir que se trata de Yeats) ha dedicado una obra de teatro entera a la afirmación: «Allí donde no hay nada, está Dios». De este modo, se ha deslindado brusca y deliberadamente de la verdadera posición cristiana, en la que Dios está allí donde haya algo, cualquier cosa.

Ahora bien, aunque por una especie de accidente político el pesimismo oriental haya sido la alternativa práctica al trascendentalismo cristiano, hay y ha habido siempre una tercera vía que no es cristiana en un sentido ortodoxo, ni budista en ningún sentido. Antes de que existiera el cristianismo, hubo una escuela europea de místicos optimistas, cuyo mayor representante fue Platón. De entonces a esta parte, ese sano misticismo pagano, que no se arredra ante la forma de las cosas o ante los enfáticos colores de la existencia, ha reaparecido un buen número de veces en Europa. Algo de él había en el culto a la Naturaleza de los filósofos renacentistas, e incluso tras la extraña mezcla de éxtasis y animalidad del aislado episodio de Lutero. Ese ocultismo sólido y alegre se manifiesta en todo su esplendor en Swedenborg, pero quizá su forma más audaz y más brillante se manifieste en William Blake.

Este escritor, por supuesto, no puede apelar a ese absurdo llamado «imparcialidad» tratándose de un asunto tan importante. Personalmente, está convencido de que si cada ser humano viviera mil años terminaría, o bien en un completo escepticismo pesimista o en el credo católico. En su época, racionalista y decididamente protestante, con frecuencia se criticaba a William Blake a causa de su debilidad por el catolicismo; sin embargo, le habría sorprendido mucho que alguien pretendiera que se convirtiera a esta religión. Se habría convertido de haber vivido mil años, o tal vez incluso cien. Estaba del lado del cristianismo respecto del asunto fundamental que coloca éste en las antípodas de Oriente: la idea de que la personalidad es la gloria del universo y no su vergüenza, de que la creación es superior a la evolución porque es más personal, de que el perdón es superior a la Némesis porque es más personal, de que el perdón de los pecados es esencial para la comunión de los santos, y de que la resurrección del cuerpo es esencial para la vida eterna. Una característica de las antiguas iniciaciones orientales, así como de los grados y niveles de nuestros pensadores teosóficos, es la idea de que, a medida que un hombre escala más y más alto, Dios se le revela más y más carente de forma, más etéreo, incluso exiguo. Y en muchos de esos templos, tanto antiguos como modernos, la recompensa final por servir a Dios mediante vigilias y purificaciones es que uno finalmente merece que le digan por fin que Dios no existe.

A ese misticismo debilitado, Blake, como un titán, contrapone su estatura colosal y el terremoto de su voz. A través de la niebla y el caos de su obcecado simbolismo y de sus perversas teorías, a través de la tempestad de sus exageraciones y la medianoche de su locura, reitera con precisión apasionada que sólo aquello que es digno de amor puede ser digno de adoración, que la deidad es una persona tanto como un soplo de viento, que mientras más sepamos de las cosas superiores más palpables y corpóreas las encontraremos, que la forma que llena los cielos es a imagen y semejanza de un hombre. Mucho de lo que Blake lanzó sobre nosotros como quien lanza un trueno lo ha dicho más tarde, de un modo tranquilo y encantador, Coventry Patmore, especialmente en aquel pasaje delicado y audaz en el que se refiere al afecto, la simpleza, incluso la intimidad de Dios. El sabio perseguirá una estrella que observará próxima, inmensa y feroz en medio del cielo, y mientras más se acerque le parecerá más pequeña, hasta descubrir que esa estrella no es más que la luz que ilumina alguna pequeña posada o un establo. Sólo cuando conozcamos las cosas superiores sabremos cuán humildes son en realidad. Entretanto, los mayores trascendentalistas modernos creerán imposibles los hechos eternos tan sólo porque son sólidos: no reconocerán el cielo porque éste se parece demasiado a la tierra.

NOTA

Las traducciones de los poemas de William Blake provienen de *Obra poética*, traducción de Pablo Mañé Garzón, San Cugat del Vallès, Ediciones 29, 2004; con excepción de los que se dan en las páginas 32 y 45; del primero de la página 51; del segundo y el tercero que se citan en la página 52, y de los de las páginas 53, 63-64 y 74-76, que hemos tomado de *Poemas proféticos y prosas*, traducción de Cristóbal Serra, Barcelona, Barral, 1971.

Retrato de William Blake en su juventud,
Catherine Blake (*c.* 1785).

1. John Flaxman, óleo de Henry Howard.

2. «Femio cantando ante los pretendientes», ilustración para *La odisea* de Homero, John Flaxman (1805).

3. «Leucotea protegiendo a Ulises», ilustración para *La odisea* de Homero, John Flaxman (1805).

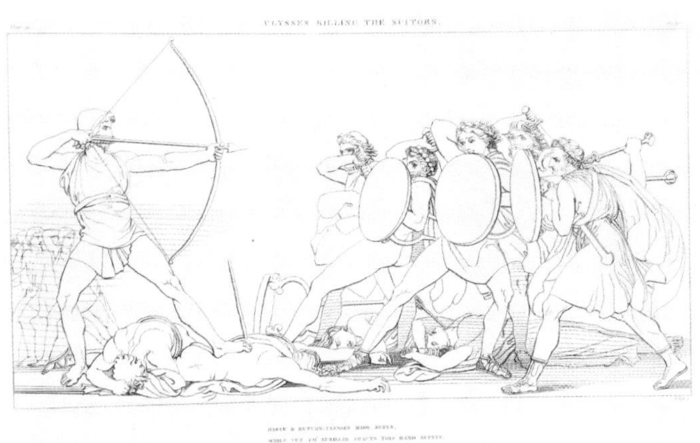

4. «Ulises matando a los pretendientes», ilustración para *La odisea* de Homero, John Flaxman (1805).

5. «Cuando cantaban juntas las estrellas del alba y todos los hijos de Dios gritaban de Gozo», ilustración para el Libro de Job, William Blake (1805-1806).

6. «Los hijos e hijas de Job asediados por Satanás», ilustración para el Libro de Job, William Blake (1805-1806).

7. «¡Hijo mío! ¡Hijo mío!», ilustración de *Las puertas del paraíso*, William Blake (1793).

8. *El libro de Urizen*, William Blake (1795).

9. *El libro de Thel*, William Blake (1798).

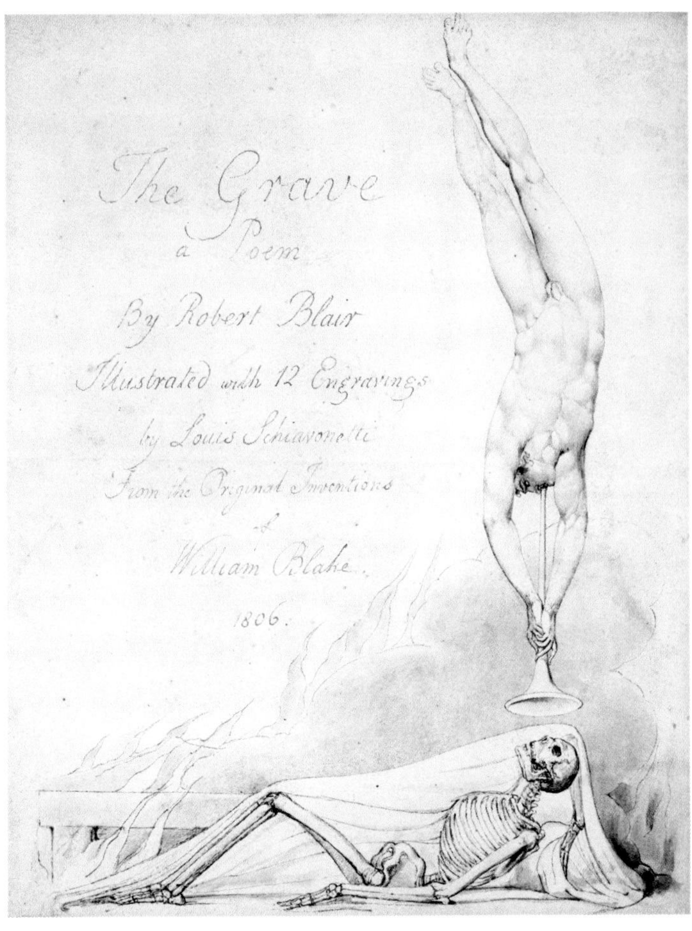

10. Frontispicio de *La tumba* de Robert Blair, William Blake (1806).

11. *Las puertas de la muerte*, ilustración para *La tumba* de Robert Blair, William Blake (1806).

12. Retrato de Harriet Mathew, John Flaxman (*c.* 1783).

13. Retrato de Thomas Butts, miniatura de William Blake (1801).

14. Retrato de William Hayley, Henry Howard (s. f.).

15. Retrato de Robert Hartley Cromek, John Flaxman (1804).

HENRY

16. Grabado a partir de *La peregrinación a Canterbury* de Thomas Stothard, Louis Schiavonetti (1817).

17. *Los peregrinos de Canterbury, de Chaucer,* William Blake (1810).

18. «El Anciano de los Días», ilustración para *Europa, una profecía*, William Blake (1821).

19. Retrato de Catherine Blake, William Blake (1805).

20. «El tigre», ilustración para *Canciones de inocencia y de experiencia*, William Blake (1794).

21. *El hombre que construyó las pirámides*, William Blake (1819).

22. «Dios le responde a Job desde la tempestad», ilustración para el Libro de Job, William Blake (1805-1806).

23. *El fantasma de una pulga*, William Blake (1819-1820).

24. *Isaac Newton*, William Blake (1805).

25. «Behemot y Leviatán», ilustración para el Libro de Job, William Blake (1805-1806).

26. Retrato del Príncipe Negro (Eduardo I), William Blake (1819).

27. *La cabeza siniestra*, serie sobre Perseo, Edward Burne-Jones (1885).

28. «Satanás viendo las caricias de Adán y Eva», ilustración para *El paraíso perdido* de John Milton, William Blake (1808).

29. Ilustración para *Salomé* de Oscar Wilde, Aubrey Beardsley (1892).

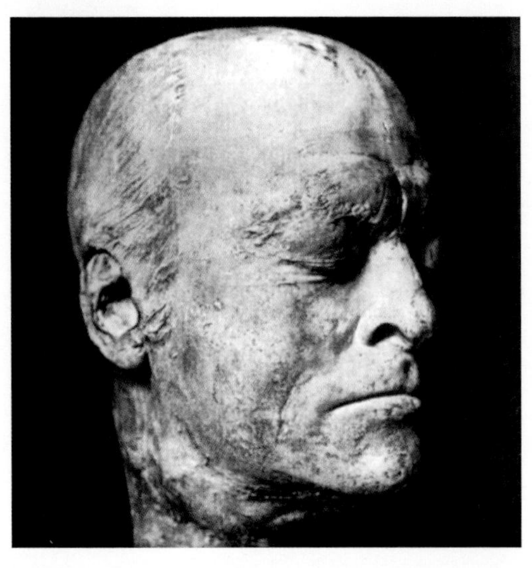

Máscara de yeso de William Blake tomada en vida
por James Deville (1823).

LORD BYRON

Todo juega en nuestra contra a la hora de valorar el espíritu y la época de Byron. Las épocas recientes suelen ser como los sueños a la mañana siguiente: algo increíble y remoto en los siglos. Y el mundo de Byron parece triste y descolorido. Un mundo raro e inhumano donde los hombres eran románticos y llevaban grandes patillas, y las damas aparentemente vivían en *recámaras* —una palabra que hoy nos suena a escenografía—. Rosas y ruiseñores aparecen una y otra vez en su poesía con la monótona elegancia del estampado de un papel mural. El panorama es el de una gran fiesta de los muertos, una celebración con espléndidas vestiduras y rostros estúpidos.

Pero mientras más seria y acertadamente estudiemos las historias de los hombres, menos dispuestos estaremos a usar la palabra *artificial*. Nada en el mundo ha sido jamás artificial. Muchas costumbres, muchos vestidos, muchas obras de arte son tildados de artificiales porque muestran vanidad y afectación: como si la vanidad no fuera una cosa profunda y elemental, igual que el amor, el odio y el miedo a la muerte. La vanidad puede encontrarse incluso en los oscuros desiertos, entre los eremitas y las bestias salvajes que pululan por ahí. Puede que sea buena o mala, pero seguro que no es artificial: la vanidad es una voz que surge del abismo.

Lo curioso es, sin embargo —y eso incide en la actual situación de Byron—, que hoy, cuando algo no nos resulta familiar, cuando es remoto y producto de alguna otra época o mentalidad, no lo consideramos salvaje o terrible, sino meramente artificial. Existen muchos ejemplos de esto último; uno muy llamativo es el caso de las plantas y pájaros tropicales. Cuando vemos alguna de esas monstruosas y llamativas flores que pueblan los bosques ecuatorianos, no la vemos como un estallido de la naturaleza: una explosión silenciosa de su temible energía. Simplemente encontramos difícil de creer que no se trate de flores de cera dentro de una campana de cristal. Cuando vemos ciertas aves tropicales, con sus minúsculos cuerpos adosados a gigantescos picos, no se nos antojan manifestaciones del fiero humor de la Creación: casi llegamos a pensar que han salido, talladas y coloreadas artificialmente, de la caja de los juguetes de un niño. Y lo mismo sucede con la gran convulsión de la naturaleza que conocemos como *byronismo*. Hoy, ese volcán ya no es un volcán extinguido: es el cartucho quemado de un cohete. Son las cenizas de un incendio provocado.

Pero Byron y el byronismo fueron algo inconmensurablemente mayor que cualquier otra cosa que pueda describirse como menospreciada y malinterpretada.

El primero de los errores acerca de Byron consiste en que se lo trate como a un pesimista. Es cierto que él se veía a sí mismo como tal, pero ningún crítico puede tener siquiera un conocimiento somero de Byron sin saber que la suerte le deparó el más escaso conocimiento de sí mismo que haya correspondido jamás a un hombre inteligente. La verdadera naturaleza del supuesto pesimismo de Byron es más digna de estudio que cualquier auténtico pesimismo.

La más notable peculiaridad de este curioso mundo nuestro es que casi cualquier cosa ha sido celebrada y aplaudida con entusiasmo en algún momento en desmedro de todo lo demás. Uno tras otro, la práctica totalidad de los fenómenos del universo ha sido proclamado lo único capaz de hacer que la vida valga la pena. Los libros, el amor, los negocios, la religión, el alcohol, las verdades abstractas, las emociones privadas, el dinero, la sencillez, el misticismo, el trabajo duro, la vida en las proximidades de la naturaleza, la vida en las proximidades de

Belgrave Square: todos estos fenómenos se esgrimen con pasión por parte de unos u otros como los únicos capaces de redimir un mundo que de lo contrario sería indefendible. Así, al tiempo que casi siempre se condena al mundo de un modo sumario, se lo justifica también casi siempre, y se ensalza cada uno de sus detalles.

La existencia ha sido juzgada y absuelta por un coro de pesimistas que, por decirlo de algún modo, se reparten el trabajo de dar gracias a Dios. Schopenhauer es una especie de bibliotecario en la casa del Padre y, como tal, tiene la encomienda de alabar los austeros placeres de la mente. Carlyle, como administrador, se hace cargo del asunto del trabajo y ensalza la vida campesina y las labores agrícolas. Omar Jayam se ha instalado en el sótano y jura que aquélla es la única habitación de la casa. Hasta el más pesimista de los artistas disfruta de su arte. En el preciso instante en que ha concluido una desvergonzada y terrible censura a la Creación, la mínima punzada de goce por ese logro lo hace unirse al coro universal de la gratitud junto a las flores aromáticas y los pajarillos cantores.

Por su parte, Byron gozó de una popularidad extraordinaria y, si creemos lo que suele decirse, esa popularidad se basaba en su pesimismo. Lo adoraba una abrumadora mayoría: casi todos los individuos que despreciaban al resto de sus congéneres. Sin embargo, a poco que miramos más a fondo nos sentimos tentados a sospechar, al menos hasta cierto punto, de la popularidad de un pesimista. La popularidad del pesimismo puro y sin mezcla no sólo es una rareza, sino casi una contradicción en los términos. No es probable que la gente reciba la noticia del fracaso de la existencia, o de la armoniosa hostilidad de las estrellas, con ardor o júbilo popular, como nadie enciende hogueras para celebrar la llegada del cólera ni organiza un baile para festejar su desventura si está condenado a la horca. La popularidad del pesimista no puede deberse a que muestre que todo es malo, sino a que muestra que hay cosas buenas. Los hombres sólo aceptan unirse al coro de las alabanzas, incluso si lo que se alaba es la denuncia. El hombre que es popular debe ser optimista acerca de algo, aunque sólo sea sobre el pesimismo. Y sin duda ése era el caso de Byron y los byronistas. Su verdadera popularidad no se basaba en el hecho de que protestaran contra todo, sino en que exaltaban algo. Acumulaban maldiciones sobre el ser humano, pero sólo para favorecer el contraste. Lo que buscaban elogiar por comparación eran las energías de la naturaleza. El hombre era para ellos lo que la conversación y la moda eran para Carlyle, lo que las disputas religiosas y filosóficas eran para Omar Jayam, lo que la especie entera en busca de la felicidad práctica era para Schopenhauer: aquello que debe ser censurado de modo que pueda elogiarse otra cosa. No se trataba más que del reconocimiento del hecho de que no es posible escribir con tiza más que en un pizarrón negro.

Sin duda, resulta ridículo sostener seriamente que el amor de Byron por lo desolado e inhumano de la naturaleza llevaba la marca del escepticismo vital y la depresión. Cuando un hombre joven decide pasear solitario a orillas de un mar embravecido, cuando disfruta de las tormentas, los desolados picos de las montañas y la melancolía sin ley de las antiguas tierras, podemos deducir, con la certeza de la lógica, que es un hombre muy joven y muy feliz. Si observamos el vino en la penumbra, descubrimos una negrura parecida a la de la noche que sigue a una grandiosa puesta de sol. El vino es negro y, a la vez, de un rojo tan intenso que parece imposible; el cielo es negro, pero al mismo tiempo revela una densa mezcla de violeta y verde. Tal era la oscuridad que rodeaba a la escuela de Byron: la oscuridad para ellos era sólo un intenso violeta. Preferían la ceñuda hostilidad de la tierra porque, entre el frío y la oscuridad, sus corazones ardían como un hogar.

Las cosas son distintas tratándose de la moderna escuela de la duda y el lamento, cuya expresión más acabada podrían ser los diseños alegóricos de Aubrey Beardsley. En este caso, tratamos con un pesimismo que no tiende por naturaleza a las instancias más antiguas del cosmos, sino a los últimos y más fantásticos ornamentos de la vida artificial. El byronismo se inclina por el desierto; el nuevo pesimismo, por el restaurante. El byronismo fue una protesta contra la artificialidad; el nuevo pesimismo es una protesta en favor de ésta. El joven byroniano afectaba sinceridad; el decadente, yendo un paso mas allá en las sendas de lo irreal, posee sin duda la afectación de la afectación. Y es gracias a este revestimiento de frivolidad y superficialidad que sabemos que su siniestra filosofía es sincera; en sus luces, sus guirnaldas y ribetes leemos su desesperación interior. Éste era, sin duda, el caso del propio Byron: sus momentos más amargos eran también los más frívolos. Año tras año pidió el castigo de las llamas del infierno para la humanidad, pidió que el diluvio, el mar devastador y las supremas energías de la naturaleza arrasaran las ciudades levantadas por la estirpe de los hombres, pero en su inconsciente no había desesperación, sino, por el contrario, una especie de fe desordenada en el diálogo con esas fuerzas brutales e inmensas. No fue hasta la época en que escribió su *Don Juan* que perdió de verdad su íntima cordialidad y calidez, y una súbita carcajada le anunció al mundo que Lord Byron por fin se había transformado en un auténtico pesimista.

Una de las pruebas más sólidas de lo que un poeta realmente quiere comunicar se halla en la métrica: puede ser hipócrita en su metafísica, pero no en su prosodia. Y cada vez que el lenguaje de Byron expresa horror y vacuidad, su métrica se convierte un ágil *pas de quatre*. Puede enjuiciar a la existencia bajo los cargos más graves, puede condenarla con el veredicto más desolador, pero no puede cambiar el hecho de que, durante alguna caminata en una mañana de primavera, cuando los miembros se balancean y toda la sangre está viva en el cuerpo, sea capaz de sorprender a sus labios repitiendo:

Ay, no hay alegría que el mundo nos diera comparable a la que nos quita
Cuando el brillo de la juventud bajo el gris deterioro de la belleza se apaga;
No es en la joven mejilla que raudo el rubor se disipa,
Sino cuando la flor del corazón se marchita que la juventud acaba.

Esa recitación automática es la respuesta a todo el supuesto pesimismo de Byron. En realidad, éste pertenecía a una especie que podría llamarse la de los optimistas inconscientes, que a menudo son, conscientemente, los pesimistas más fervorosos tan sólo porque la exuberancia de su naturaleza exige como adversario un dragón tan inmenso como el mundo. Por dentro, sin embargo, estaba lleno de ánimo y de confianza, y ese interior, disfrazado y enterrado por largo tiempo bajo artificios emocionales, surgió de repente bajo la apariencia de una fría y definitiva necesidad política. En Grecia oyó el grito de la realidad y, cuando murió, estaba más vivo que nunca. Había escuchado el llamado de esa felicidad inconsciente que yace enterrada en todos nosotros y que puede emerger repentinamente ante la visión de una pradera o de las lanzas del enemigo.

CHARLOTTE BRONTË

Con frecuencia se censura a las biografías realistas por revelar aquello que es importante e incluso sagrado en la vida de una persona. La auténtica objeción debería ponerse al hecho de que lo que revelan es justamente lo que no tiene importancia. Revelan, aseveran y remarcan precisamente los aspectos de la vida de una persona de los cuales ésta no es consciente: su clase social, el modo en que vivieron sus antepasados, su domicilio actual. Éstas son cosas que, hablando con propiedad, jamás vienen a la mente de un ser humano. No se le ocurren a nadie; se puede decir, sin faltar a la verdad, que no le suceden a nadie. Una persona no se concibe a sí misma como aquel que ocupa la tercera de una fila de casas en Brixton, ni como un extraño animal de dos piernas. Su nombre, sus ingresos, con quién contrajo matrimonio, donde vivió no son cuestiones sagradas: son nimiedades.

Un buen ejemplo de lo anterior es el caso de las hermanas Brontë. Las Brontë ocupan el lugar de la loca del pueblo: sus excentricidades constituyen una fuente inagotable de inocentes conversaciones en ese círculo bucólico y extremadamente afable que es el mundo literario. Los chismosos realmente supremos, como el señor Augustine Birrell y el señor Andrew Lang, no se cansan de recoger todos los atisbos, anécdotas, sermones, iluminaciones, briznas y despojos que podrían conformar un museo Brontë. De todos los escritores victorianos, es su vida personal la que más se discute, y el candil de la biografía ha dejado pocos rincones oscuros en aquella casa sombría del condado de York. Sin embargo, toda esa investigación biográfica, aunque natural y pintoresca, no es del todo adecuada para ellas.

Porque el genio de las Brontë se abocó, por sobre todas las cosas, a establecer la suprema irrelevancia de la conducta exterior. Hasta ese momento se consideraba que la verdad era patrimonio de la novela costumbrista, consagrada a los buenos modales. Charlotte Brontë electrizó al mundo mostrando que una verdad infinitamente más antigua y elemental podía expresarse en una novela en la que ninguna persona, buena o mala, tuviera buenos modales. Su obra representa la primera gran confirmación de que la monotonía de la civilización moderna es un disfraz tan vulgar y engañoso como los atuendos de una fiesta de disfraces. Mostró que pueden existir abismos en una institutriz y eternidades en un industrial; su heroína es la clásica solterona con el abrigo de lana merino y el alma ardiente. Resulta significativo que Charlotte Brontë, siguiendo consciente o inconscientemente el poderoso influjo de su genio, fuera la primera en quitarle a la heroína no sólo el oropel y los diamantes falsos de la riqueza y la moda, sino el oro y los diamantes auténticos de la belleza física y la gracia personal. De manera instintiva sintió que el exterior debía ser feo para que el interior pudiera construirse de un modo sublime. Escogió a la más fea de las mujeres en el más feo de los siglos y reveló en ellos todos los infiernos y paraísos de Dante.

Por eso creo que se puede decir legítimamente que las exterioridades de la vida de las Brontë, aunque sean especialmente pintorescas en sí mismas, importan menos que las de la vida de cualquier otro escritor. Resulta interesante saber hasta qué punto Jane Austen conocía la vida de los oficiales y damas elegantes que presenta en sus obras maestras. Sería interesante saber si Dickens presenció alguna vez un naufragio o si puso el pie en una fábrica. Porque buena parte de la credibilidad de estos autores radica no tanto en atenerse siempre a los hechos como en el modo en que los aprovechan.

Pero el propósito, el sentido y la importancia de la obra de las Brontë radican en que incluso las cosas más fútiles del universo sean hechos. Una historia como *Jane Eyre* es en sí misma una fábula tan monstruosa que debería ser excluida de cualquier libro de cuentos de hadas. Los personajes no hacen lo debido ni lo probable; podría decirse —y tal es la locura de la atmósfera— que ni siquiera hacen lo que pretenden hacer. La conducta de Rochester es de una bribonería tan sobrehumana y primigenia que «Miss Mix», la admirable parodia de Bret Harte, difícilmente la exagera. Una frase como «entonces, retomando su antigua costumbre, me tiró las botas a la cabeza y se fue» está muy cerca de la caricatura. La escena en la que Rochester se disfraza de gitano posee algo que sería difícil encontrar en ninguna otra rama del arte, con la probable excepción del final de la pantomima, cuando el emperador se convierte en Pantaleón. Y sin embargo, a pesar de ser una vasta pesadilla de engaño, morbosidad e ignorancia del mundo, *Jane Eyre* quizás sea el libro más sincero jamás escrito. Su esencial apego a la verdad de la vida nos corta el aliento por momentos. Porque no es fiel a las costumbres, que con frecuencia son falsas, o a los hechos, que casi siempre también son falsos, sino a la única cosa verdadera que existe: la emoción, el *minimum* irreductible, el germen indestructible. No importaría un comino que la novela de una de las Brontë fuera cien veces más lunática e improbable que *Jane Eyre* o cien veces más lunática e improbable que *Cumbres borrascosas*. No importaría que George Read se pusiera de cabeza y que la señora Read cabalgara sobre un dragón, que Fairfax Rochester tuviera cuatro ojos y Saint John Rivers tres piernas: esa novela seguiría siendo la novela más verdadera del mundo. El personaje típicamente Brontë es, ciertamente, una especie de monstruo. Todo en él está dislocado, excepto lo esencial. Tiene las manos en las piernas, los pies en los brazos y la nariz por encima de los ojos, pero su corazón está en el lugar correcto.

La verdad que sostiene el ciclo de ficciones de las Brontë, grande y duradera, está relacionada con el inagotable espíritu de la juventud y con el cercano parentesco entre el terror y la alegría. Sus heroínas, mal vestidas y escasamente educadas, con su humillante inexperiencia y una especie de inocencia sin ningún atractivo, están, sin embargo, por el mero hecho de su soledad y su torpeza, llenas del mayor placer del que es capaz un ser humano: el placer de la expectativa, el que depara una ardiente y exuberante ignorancia. Nos muestran cuán absurdo es suponer que el placer se obtiene ante todo vistiéndose de gala cada noche y teniendo un palco en el teatro en cada estreno. No es el hombre de placeres el que más goza de los placeres; no es el hombre de mundo el que más aprecia el mundo. Quien ha aprendido a hacer todas las cosas convencionales a la perfección ha aprendido al mismo tiempo a hacerlas de manera prosaica. Es el hombre inadecuado, al que el traje de gala no le queda bien, al que no le ajustan los guantes, aquel que llegado el momento es incapaz de pronunciar un cumplido, quien está realmente lleno de los añejos éxtasis de la juventud. Teme a la sociedad en la medida justa para poder gozar de sus triunfos. Posee ese punto de miedo que constituye uno de los eternos ingredientes del goce. Éste es el espíritu en las novelas de las hermanas Brontë: la épica del júbilo del hombre tímido. Como tal, es de un valor incalculable en nuestro tiempo, cuya maldición radica en que no respeta el goce porque no teme perderlo. La raída y anónima institutriz de Charlotte Brontë, con su estrechez de miras y su credo mínimo, tiene mayor comercio con las terribles fuerzas elementales que rigen al mundo que una legión de irreverentes poetas menores. Ella accedió al universo con auténtica simplicidad y, en consecuencia, con auténtico temor y deleite.

Se mostró, por así decirlo, tímida ante la multitud de las estrellas, y de ese modo obtuvo la única fuerza capaz de evitar que el goce sea negro y estéril como la rutina. La virtud de ser tímido es el primero y el más delicado de los poderes del goce. El temor de Dios es el principio de todo placer.

En resumidas cuentas, creo que sería justo decir que en cierta medida se ha exagerado el papel de la oscura y silvestre juventud de las Brontë —en su sombrío y silvestre hogar en el condado de York— en su trabajo y su concepción del mundo. Las emociones con las que se enfrentaban eran emociones universales, emociones de los albores de la existencia: el goce y el terror de la llegada de la primavera. Siendo niño, cada uno de nosotros soñó alguna vez con un obstáculo sin nombre y una inefable amenaza que contenía, sin importar cuál fuese su absurda forma, todo el pánico y las terribles angustias de *Cumbres borrascosas*. Cada uno de nosotros ha soñado despierto con un posible destino que no es ni una pizca más razonable que el de *Jane Eyre*. Y la verdad que las Brontë vinieron a decirnos es que toda el agua no basta para apagar el fuego del amor, y que la respetabilidad urbana es incapaz de desviar o sofocar un anhelo secreto.

Como cualquier ciudad terrenal, Clapham está construida sobre un volcán. Miles de personas van y vienen en medio de esa jungla de ladrillo y cemento ganando salarios míseros, profesando religiones mediocres, vistiendo atuendos miserables; miles de mujeres que nunca han hallado una manera de expresar su júbilo o su tragedia sino trabajando más y más en empleos aburridos y automáticos, sermoneando niños y zurciendo camisas. Pero de pronto una de todas aquellas mujeres silenciosas consiguió hablar y nos ofreció su resonante testimonio: su nombre era Charlotte Brontë. Hoy en día, como una enorme figura geométrica, la ciudad irradia y despliega sus interminables ramificaciones a nuestro alrededor.

Hay momentos en que casi nos volvemos locos, y no es de extrañarse, dada la aterradora multiplicidad de perspectivas, la desesperada aritmética de esa población impensable. Pero estos pensamientos no son más que fantasías. No hay hileras de casas, no hay multitudes. El colosal diagrama de calles y casas es una ilusión: el sueño de opio de quien lo construye con sus especulaciones. Cada hombre, para sí mismo, está sumamente solo y es sumamente importante. Cada casa se encuentra en el centro del mundo. No hay una sola casa, entre millones, que no haya sido para alguien, en algún momento, el corazón de todas las cosas y el final del viaje.

WILLIAM MORRIS

Resulta muy apropiado que la inauguración del busto de William Morris se convierta en poco menos que una festividad pública porque, aunque en la época victoriana haya habido genios más dominantes que el suyo, no hay ninguno más representativo. Encarna no sólo ese voraz apetito de belleza que ahora, por primera vez, se ha convertido en un serio problema para la salud de la humanidad, sino ese honorable instinto de encontrar belleza en la ordinaria necesidad de un trabajo bien hecho, lo que le da fuerza y solidez a su estructura. Ya pasó la época en que se consideraba irrelevante a William Morris, en que se lo describía como un diseñador de papeles pintados. Si, en vez de decorador, Morris hubiera sido sombrerero, habríamos ido reconociendo gradual y penosamente una mejora en nuestros sombreros. Si hubiera sido sastre, habríamos notado de repente que nuestros trajes se arrastraban por el suelo con la grandiosidad de un atuendo medieval. Si hubiera sido zapatero, habríamos visto, con no poca consternación, nuestro calzado asemejarse poco a poco a las antiguas sandalias. Como peluquero, habría inventado alguna manera de abultar el cabello digna de coronar la cabeza de Venus; como ferretero, sus clavos habrían tenido alguna noble filigrana, digna de los clavos de la Santa Cruz. Las limitaciones de William Morris, fueran las que fueran, no eran las de la decoración ordinaria. Es cierto que toda su obra, incluida su obra literaria, resulta en algún sentido decorativa, con cualidades parecidas a las de un estupendo papel pintado: sus personajes, sus anécdotas, sus ideas políticas y religiosas tienen, en el sentido más enfático, amplitud y anchura sin espesor. Parecía creer realmente que los hombres pueden disfrutar de una felicidad perfectamente monótona. No tenía en cuenta las posibilidades inexploradas y explosivas de la naturaleza humana, los terrores innombrables y las aun más innombrables esperanzas. Mientras un hombre conservara la elegancia en todo momento, mientras tuviera la inspiradora conciencia de que el color castaño de su cabello contrastaba con el azul de un bosque a un kilómetro de distancia, estaría serenamente feliz. Y así sería, sin duda, si fuera realmente apto para una existencia decorativa: si fuera un pedazo de papel exquisitamente coloreado.

Pero aunque Morris tuviera poco en cuenta la terrible solidez de la naturaleza humana, aunque tuviera poco en cuenta, por así decirlo, la tridimensionalidad de la figura humana, sería injusto describirlo como un simple esteta. Percibió una gran carencia en la sociedad y la subsanó de manera heroica. La dificultad con la que tuvo que lidiar era tan inmensa que necesitaremos la distancia de varios siglos para juzgarla con justicia: me refiero a la elaborada y deliberada fealdad del más autoconsciente de los siglos. Morris al menos percibió lo absurdo del asunto. Sentía que era monstruoso que, por culpa de un ridículo desliz, el hombre moderno, capaz por antonomasia de producir la más extraña y contradictoria belleza, de sentir a un tiempo la ardiente aureola del asceta y la colosal calma de un dios helénico, estuviera enterrado bajo un abrigo negro y escondido bajo un sombrero de copa. No podía entender por qué el hombre inofensivo que aspira a convertirse en un artista del vestido ha de estar condenado, en el mejor de los casos, a ser un artista en blanco y negro. Ciertamente, es difícil dar cuenta de la fealdad que, como una pesada maldición, infecta todo aquello que produjo el más próspero de los siglos. Quizá no haya nada en toda la creación más absolutamente feo que un buzón de correos. Su forma es la más absurda de todas las formas; su altura y su grosor se neutralizan el uno al otro; su color es el más repulsivo de los colores: un rojo gordinflón y sin alma, un rojo sin el menor toque de sangre o de fuego, como el escarlata de los pecados de los muertos. Y, sin embargo, no hay ninguna razón para que tal horror se apodere de un objeto tan lleno de dignidad cívica: el cofre de los mil secretos, la fortaleza de las mil almas. Si los antiguos griegos hubieran tenido una institución como ésa, podemos estar seguros de que habría estado resguardada por la severa pero graciosa figura del dios de lo epistolar. Si los cristianos de la Edad Media la hubieran tenido, habría sido un nicho colmado de la dorada aureola de san Rolando de las Estampas Postales. Pero, en vez de eso, se yergue en cada una de nuestras esquinas disfrazando una de las ideas más hermosas bajo una de las formas más insignificantes. Es inútil negar que los milagros de la ciencia no han sido un incentivo para las artes y la imaginación tanto como lo fueron los milagros de la religión. Si alguien le hubiera dicho a los hombres del siglo XII que leguas bajo tierra se conduciría un relámpago que arrastraría en su destructiva cola hordas de risueños seres humanos, y si se les hubiera dicho que la gente se referiría a este aniquilador portento como el Twopenny Tube: el «tubo de dos peniques», habrían invocado al fuego celestial para que cayera sobre nosotros como una raza de ateos imbéciles. Y probablemente habrían tenido razón.

Esta percepción nítida y aguda de lo que podría denominarse el elemento antiestético de la época victoriana fue, sin duda, obra de un gran reformador: se necesita un agudo esfuerzo de la imaginación para percibir un mal que nos rodea completamente. El modo en que Morris llevó a cabo su cruzada, teniendo en cuenta las circunstancias, puede considerarse triunfal. Nuestras alfombras comenzaron a florecer bajo nuestros pies como un prado en primavera, y nuestros taburetes y sofás, hasta entonces prosaicos, parecieron elongar sus patas a voluntad. Un elemento de libertad y dignidad se hizo presente con simples y sólidos ornamentos de cobre y hierro. Tan delicada y universal ha sido la revolución en el arte doméstico que casi cualquier familia en Inglaterra ha visto mejorar sutil e inadvertidamente su gusto, y si vuelve la vista atrás, a los salones de la primera época victoriana, es sólo para comprender por fin esa verdad extraña, y sin embargo inequívoca, de que nueve de cada diez veces en la historia el arte o la decoración han vuelto las cosas aún más feas de lo que ya eran antes, desde el «peinado» de un nativo de Papúa hasta el papel pintado de un comerciante británico de 1830.

Sin embargo, grande y benéfica como fue, la revolución estética de Morris tenía un límite bien definido. Y no me refiero tan sólo a que su revolución fuera en realidad una reacción —aunque esto explica parcialmente su parcial fracaso—, sino a que, cuando denunciaba los vestidos de las damas modernas, «tapizadas como sillones en vez de ir cubiertas como mujeres» —tal como lo expresó con meridiana claridad—, proponía como solución imitar la vestimenta y la artesanía de la Edad Media. Nunca pudo ir más allá de ese movimiento regresivo e imitativo. Los hombres de la época de Chaucer tenían muchísimos defectos, pero al menos hubo un espectáculo de debilidad moral que no se permitieron ofrecer: se habrían reído ante la mera idea de vestirse como un arquero de la batalla de Senlac o de pintarse de índigo según la costumbre de los antiguos bretones. Jamás se les habría ocurrido que eso podía ser un «movimiento». La belleza de sus vestidos o de sus costumbres surgía honesta y naturalmente de la vida que llevaban y que escogían llevar. Y se puede decir con toda seguridad que cualquier progreso real en la belleza del traje moderno debe provenir honesta y naturalmente de la vida que llevamos y que escogemos llevar. No carecemos de indicios de un cambio como ése en la creciente ortodoxia de nuestros trajes, austeros y atléticos. Pero si al cabo no sucede, no bastará con transformar la vida en una interminable fiesta de disfraces históricos.

Pero, en todo caso, la limitación de la obra de Morris yace en un lugar aun más profundo. Quizá lo mejor sea explicarla atendiendo a su propio corazón. De todo lo que se le puede atribuir a Morris, quizá no haya nada más valioso y espléndido que su protesta en favor de las fábulas y supersticiones de la humanidad. Morris posee el mérito supremo de haber mostrado que los cuentos de hadas contienen la más profunda verdad del mundo, el más auténtico registro de los sentimientos humanos. Los detalles sin importancia pueden no ser exactos: tal vez Juanito no trepó una mata de habichuelas tan alta o no mató a un gigante tan enorme, pero esas cosas no son las que hacen falso un relato; lo que hace que cualquier libro moderno de historia sea más falso que Judas son otras cosas: el ingenio, la afectación, la imparcialidad hipócrita. Y de todos los cuentos de hadas quizá ninguno contenga una verdad moral de tan vital importancia como la vieja historia de la Bella y la Bestia en sus muchas versiones. Allí se encuentra escrita, con la autoridad de una humana escritura, la eterna y esencial verdad que reza que no podemos hacer que nada sea hermoso hasta que no lo hayamos amado en toda su fealdad. Tal era el punto débil de William Morris como reformador: que pretendía reformar la vida moderna cuando la odiaba en vez de amarla. El Londres moderno es ciertamente una bestia lo bastante grande y negra como para ser la gran bestia del Apocalipsis, con un millón de ojos encendidos y rugiendo con un millón de voces. Pero a menos que el poeta pueda amar a este monstruo tal como es y pueda sentir, con algún grado de generosa excitación, su gigantesca y misteriosa alegría de vivir, la escala inmensa de su anatomía de hierro y el latido atronador de su corazón, no podrá transformar a la bestia en el príncipe encantado. La desventaja de Morris consistía en que no era un auténtico hijo del siglo XIX: no podía entender dónde radicaba la fascinación de ese siglo y, en consecuencia, no podía hacerla crecer. Una prueba perdurable de su tremenda influencia personal en el mundo de la estética es la vitalidad y la recurrencia de las exposiciones de artes aplicadas que se alzan sobre su figura como una capilla en torno a la imagen de un santo. Si echamos un vistazo a los objetos de una de esas exposiciones, sin duda llamará nuestra atención la enorme cantidad de objetos modernos que la escuela decorativa ha dejado intactos. Existe el noble impulso de dar el toque apropiado de belleza a las cosas comunes y necesarias, pero los objetos que suelen poseer ese toque son en sí mismos antiguos: cosas que desde siempre, en alguna medida, halagaron a los amantes de la belleza. Existen hermosos portones de hierro, hermosas fuentes, hermosas tazas, hermosas sillas, hermosos escritorios, pero no hermosas cosas modernas: no hay hermosos postes de luz, hermosos buzones, hermosas máquinas o hermosas bicicletas. El espíritu de William Morris no se ha apoderado del siglo para hacer de sus humildes objetos algo bello. Y esto se debe a que, con toda su salud y energía, no tuvo el gran valor de enfrentar la fealdad de las cosas: la Bella se arredró ante la Bestia y el cuento de hadas tuvo un final diferente.

Pero es allí, de hecho, donde yace el mérito más incontestable de un gran reformador: en que haya dejado su obra inconclusa. Quizá no exista mejor prueba de que un hombre determinado no es más que un meteorito estéril y brillante que el hecho de que su obra haya quedado perfectamente terminada. Alguien como Morris llama la atención sobre necesidades que él mismo no puede satisfacer. En años por venir tal vez seremos testigos de una exposición de artes decorativas más novedosa y osada. En ella no colocaremos las armaduras del siglo XII, sino la maquinaria del XX. Habrá una farola noblemente forjada en hierro, construida para portar el fuego sagrado. Habra un buzón que llevará grabados los emblemas secretos de la camaradería y del silencio y el honor del Estado. Las señales ferroviarias, las más poéticas de todas las cosas terrenales, estrellas coloridas de la vida y la muerte, serán lámparas verdes y escarlatas dignas de su leal y terrible función. Pero si este movimiento gradual y genuino de nuestros tiempos hacia la belleza —no hacia atrás, sino hacia delante— llega realmente a imponerse, Morris habrá sido su primer profeta. Poeta de la infancia de las naciones, artesano de la nueva honestidad del arte, profeta de una vida más alegre y más sabia, su desbordante entusiasmo será recordado cuando la vida humana haya asumido nuevamente colores exuberantes y comprobado que este dolorido gris verdoso de la penumbra estética en la que ahora vivimos, a pesar de la opinión de los pesimistas, no es el gris de la muerte, sino el del amanecer.

ROBERT LOUIS STEVENSON

Un episodio reciente nos ha convencido por fin de que Stevenson era, tal como sospechábamos, un gran hombre. Ya sabíamos, gracias a ciertos libros que han llegado a nuestras manos hace poco, al menosprecio del señor John Churton Collins —en su *Ephemera Critica*— y del señor George Moore, que Stevenson cumplía el primero de los requisitos fundamentales para ser un grande: ser malinterpretado por sus detractores. Pero con *Robert Louis Stevenson*, el libro de H. Bellyse Baildon —publicado por Chatto y Windus con la misma cubierta de las obras de Stevenson—, venimos a enterarnos de que cumple también el otro requisito fundamental: ser malinterpretado por sus admiradores. El señor Baildon tiene muchas cosas interesantes que contar sobre el propio Stevenson, a quien conoció en la universidad, y sus críticas no carecen en absoluto de valor: en lo que toca a las obras de teatro, a *Beau Austin* en especial, su punto de vista es notablemente inteligente y acertado. Pero resulta realmente curioso, además de probar de sobra que Stevenson poseía esa insondable característica que sólo corresponde a los grandes, que este estudioso y admirador de Stevenson sea capaz de enumerar y clasificar la obra entera del maestro, así como de repartir elogios y censuras con determinación, e incluso con severidad, sin pensar siquiera por un momento en los principios artísticos y éticos que, según creemos, Robert Louis Stevenson defendió casi con su propia vida.

El señor Baildon, por ejemplo, no para de dar sermones sobre el «pesimismo» de Stevenson; extraña acusación, sin duda, tratándose de un hombre que, como ningún otro artista moderno, ha hecho que nos avergoncemos de sentir vergüenza de la vida. Baildon, sin embargo, lamenta que, en *El señor de Ballantrae* y en *El extraño caso del doctor Jekyll y el señor Hyde*, Stevenson permita que el mal prevalezca sobre el bien. Pero si hubo algo en lo que Stevenson insistió siempre con pasión fue en que debemos buscar el bien por su propio valor y belleza, sin preocuparnos de la victoria o la derrota. «Sin importar lo que emprendamos —decía—, nada nos asegura que tendremos éxito». Que el curso de los astros se opone a la virtud, que la humanidad es por naturaleza una esperanza vana: ésos son los mensajes que agitan el corazón de los valientes a través de toda la obra de Stevenson. La historia de Henry Durie es decididamente funesta, pero ¿podría alguien detenerse junto a la sepultura de este borrachín monomaníaco sin sentir respeto? Es extraño que la gente encuentre inspiración en las ruinas de una antigua iglesia y no en las ruinas de un hombre.

El señor Baildon tiene las ideas más peculiares sobre los cuentos en los que Stevenson trata de sangre y saqueos: parece creer que son una prueba de que padecía una especie de «manía homicida», para usar la frase del propio señor Baildon. «En muchos sentidos, Stevenson plantea la paradoja de que no haya ocupación más noble que dedicarse a matar». Siguiendo la misma lógica, el señor Baildon opinaría, sin duda, que al doctor Conan Doyle le fascina cometer crímenes inexplicables, que Clark Russell es un conocido pirata y que Wilkie Collins piensa que no hay mejor ocupación que el robo de gemas preciosas y la falsificación de certificados matrimoniales. Pero el señor Baildon no está solo en su error: pocas personas han comprendido el lado sangriento de Stevenson. Fundamentalmente, era el rudo colegial que dibuja esqueletos y horcas durante la clase de latín. No sentía fascinación por la muerte, sino por la vida: por los actos que revelaban fuerza y determinación, incluso si se trataba de matar a alguien.

Imaginemos que un hombre le lanza un cuchillo a otro y lo deja clavado a la pared. No parece necesario subrayar que en esta transacción hay dos puntos de vista algo distintos. El punto de vista del hombre clavado a la pared es el punto de vista trágico y moral, que Stevenson demostró entender bien en historias como *El señor de Ballantrae* y *El Weir de Hermiston*. Pero el asunto se puede enfocar de otra manera, en la que ese mismo acto es una explosión brillante y abrupta de vitalidad física como romper una roca con un golpe de martillo o abrirse paso por una puerta cerrada con barrotes: ése es el punto de partida de la aventura y es el alma de *La isla del tesoro* y *Los traficantes de naufragios*. No es que Stevenson no amara a los hombres, sino que amaba más las pistolas y los garrotes. Y, de hecho, en el ávido universalismo de su alma abrigaba tal amor por los objetos inanimados como no se había visto desde que san Francisco llamó hermano al sol y hermana a la fuente. Como lectores, sentimos que estaba realmente enamorado de la muleta de madera que Silver lanzó al cielo, de la caja que Billy Bones dejó en la posada Almirante Benbow, del cuchillo que Wicks clavó en la mesa traspasándose la mano. Su perspectiva es tan tajante que nos hace recordar que le gustaba cortar leña con un hacha.

Sin embargo, el nuevo biógrafo de Stevenson no se permite tomar en cuenta esta clase de poesía, profundamente arraigada en la vista y el tacto. Insiste en señalar como un crimen lo que para Stevenson nos es más que un objetivo. Acerca de esa gloriosa y horrible bullanga que es «El ángel destructor», uno de los cuentos de *El dinamitero*, dice que es «en extremo fantástica y pone a prueba nuestra credulidad». Eso es tanto como tildar los viajes del barón Munchausen de «poco convincentes». Todo *El dinamitero* es una especie de pesadilla humorística y, aun en ese contexto, «El ángel destructor» no pretende ser nada más que una extravagante mentira inventada en el fragor del momento. Es un sueño dentro de un sueño, y acusarlo de inverosimilitud es como acusar al cielo de ser azul cielo. El hecho es que, ya sea por la precipitación de su lectura o por la natural diferencia de gustos, el señor Baildon no capta la rica y romántica ironía de las historias londinenses de Stevenson. Sobre el príncipe Florizel de Bohemia, ese portentoso monumento del humor, dice que, «pese a la evidente admiración que su creador sentía por él, a mí, a fin de cuentas, me resulta una presencia irritante», lo que casi nos lleva a creer (aun desesperados y contra nuestra voluntad) que el señor Baildon piensa que el príncipe Florizel debe ser tomado en serio, como si fuera una persona real. Por lo que a nosotros respecta, es cierto que el príncipe Florizel es uno de nuestros personajes de ficción favoritos, pero no nos cuesta reconocer que, si lo conociéramos en la vida real, querríamos matarlo.

El hecho es que las virtudes espirituales e intelectuales de Stevenson han sido opacadas hasta cierto punto por una virtud añadida: la de la destreza artística. Si, como Walt Whitman, hubiera garabateado con tiza su gran mensaje en la pared, a la gente le habría parecido una blasfemia. Pero escribió sus atolondradas paradojas con tan hábil y fluida caligrafía de molde que todos creyeron que los sentimientos también respondían a ese molde. Su versatilidad lo perjudicaba, pero no, como se dice comúnmente, porque no se concentrara lo suficiente en cada aspecto, sino porque lo hacía todo bien. Como niño, obrero, pirata o puritano, sus disfraces eran tan buenos que la mayoría no era capaz de ver que se trataba siempre de la misma persona. No es justo que comparemos con el admirable Crichton a un hombre que sabe tocar violín, dar consejos jurídicos y lustrar botas, todo esto tolerablemente bien, y que, en cambio, si hace las tres cosas por separado a la perfección lo tengamos por un violinista, un abogado o un lustrabotas común y corriente. Eso es lo que ha sucedido en el caso de Stevenson. Si *El extraño caso del doctor Jekyll y el señor Hyde*, *El señor de Ballantrae*, *Jardín de versos para niños* y *A través de las llanuras* hubieran sido cada uno de ellos un poco menos perfectos de lo que son, todo el mundo habría tenido claro que formaban parte del mismo mensaje; pero habiendo obrado el milagro de estar en cinco lugares a la vez, Stevenson, naturalmente, ha terminado por convencer al mundo de que era cinco personas distintas. Sin embargo, su mensaje era tan simple como el de Mahoma, tan moral como el de Dante, tan inequívoco como el de Whitman y tan práctico como el de James Watt.

El denominador común de la variada obra de Stevenson es la idea de que la imaginación, o la visión de las posibilidades de las cosas, es mucho más importante que los meros acontecimientos: que aquélla es el alma de nuestra vida y éstos el cuerpo, y que lo más preciado es el alma. El germen de todas sus historias es la idea de que cada paisaje o escenario tiene un alma, y que esa alma es una historia. Si vemos un huerto desmedrado tras un muro de piedra derruido, podemos adivinar que nadie lo frecuenta sino una vieja cocinera. Pero todo existe en el alma humana: ese huerto crece en nuestra mente y se convierte en el santuario y el teatro de algún extraño encuentro entre una jovencita, un poeta harapiento y un granjero loco. Para Stevenson, las ideas son auténticos acontecimientos: nuestras aventuras son nuestras fantasías. Imaginar una vaca con alas es fundamentalmente lo mismo que haber visto una. Y eso explica la enorme diversidad de su narrativa: tuvo que hacer que una historia fuese tan rica como el rubí de una puesta de sol y que otra fuera tan gris como un monolito de piedra porque la historia era el alma —o mejor: el significado— de lo que estaba realmente ante la vista. Resulta tan inapropiado juzgar al «contador de historias» (como se llamaba a Stevenson en Samoa) por cada una de sus novelas como juzgar al señor George Moore por *Esther Waters*. Esas novelas no son sino dos o tres aventuras de su alma que casualmente llegó a contarnos. Pero murió con mil historias en el corazón.

CUATRO TEMPERAMENTOS RELIGIOSOS

CARLOS II DE INGLATERRA

Todavía existen muchas cosas que nos vinculan a Carlos II de Inglaterra, uno de los hombres más ociosos de una época que se cuenta entre las más ociosas. Entre otras cosas, representó algo muy poco común y particularmente gratificante: fue un escéptico genuino y contumaz. En nuestros días, el escepticismo suele malinterpretarse tanto en sus ventajas como en sus desventajas. Fuera de Inglaterra existe la curiosa idea de que posee alguna conexión con teorías tales como el materialismo, el ateísmo y el secularismo. Desde luego, es un error: el verdadero escéptico no tiene nada que ver con ellas justamente porque se trata de meras teorías. El verdadero escéptico es tan espiritual como materialista. Piensa que el salvaje que danza alrededor de un ídolo africano tiene tantas posibilidades como Darwin de estar en lo cierto. Asume que el misticismo es tan racional como el racionalismo. Ciertamente, pone en duda la autenticidad del evangelio de san Mateo, pero también duda de si el árbol que está mirando en un momento dado es un árbol en realidad y no un rinoceronte.

He aquí el verdadero significado del misterio que suele aparecer en la vida de los grandes escépticos, y en especial en la de Carlos II. Me refiero a su constante oscilación entre el ateísmo y el catolicismo romano. Sin duda, el catolicismo romano es un sistema formidable y bien fundamentado, pero el ateísmo también lo es. De hecho, el ateísmo es el más osado de todos los dogmas, más aún que la visión del Juicio Final, porque supone postular un universal negativo: decir que no hay Dios en el universo es lo mismo que afirmar que no existen insectos en las estrellas innumerables.

Así eran las cosas para Carlos II, ese escéptico absoluto y sistemático. Cuando en sus últimos momentos recibió los sacramentos de la Iglesia romana, obraba con la consistencia de un filósofo. Puede que la hostia no sea Dios, del mismo modo que es posible que no sea una hostia. Para el escéptico genuino y poético, el mundo entero, con sus montañas bulbosas y sus árboles fantásticos, resulta increíble. El orden de todas las cosas parece tan inaceptable como cualquier milagro que pudiera violarlo. Si la transustanciación es un sueño, no hay duda de que es un sueño dentro de otro sueño. Carlos II buscó protegerse del fuego del infierno porque no podía concebir que el abismo fuera más ficticio que el mundo que nos revela la ciencia. El sacerdote subió sigilosamente la escalera, se cerraron las puertas, los pocos amigos presentes callaron respetuosos y, de este modo, con la solemnidad de la secrecía y la santidad, con la cruz alzada y las plegarias vertidas, se consumó el último acto de descreimiento lógico.

Ése es el problema con Carlos II: que no tiene apenas crédito moral y, pese a todo, nos atrae moralmente. Sentimos que, en las listas de los santos y los sabios, hay virtudes que no constan, y que Carlos II poseía justo esas virtudes desenfrenadas e innombrables. La verdad de ese asunto y la auténtica relación de Carlos II con el ideal moral merecen sin duda un estudio más exhaustivo.

Es un lugar común decir que la Restauración sólo puede explicarse como una reacción contra el puritanismo. En cambio, no se reflexiona lo suficiente sobre la peculiar naturaleza de la tiranía que prácticamente anuló los aportes de ese movimiento —aunque está claro que el ardor puritano, la exaltación de la temperancia y el frenesí de la renuncia laten aún en el corazón de Inglaterra, y sólo el incontenible océano final conseguirá apagarlos—. Suele olvidarse que, en tiempos, los puritanos se comportaban como auténticos bravucones intelectuales, que se apoyaban arrogantemente en la necesidad lógica del calvinismo, que redujeron la mismísima omnipotencia a las cadenas del silogismo. Los puritanos fracasaron por la fatalidad que supone poseer una teoría que engloba la vida entera, por culpa de la eterna paradoja de que una explicación satisfactoria jamás nos dejará satisfechos. Como Bruto y los lógicos romanos, como los lógicos jacobinos franceses, como los lógicos utilitarios ingleses, terminaron por ilustrar hasta qué punto las necesidades del hombre han estado siempre en lo correcto y los argumentos siempre errados. La razón es, en todos los casos, una especie de fuerza bruta: aquellos que apelan a la cabeza más que al corazón, por muy debiluchos y corteses que parezcan, son necesariamente hombres violentos. Hablamos de «tocar» el corazón de una persona, pero tratándose de la cabeza no nos queda más que golpearla. La tiranía de los puritanos sobre el cuerpo era, en comparación, un juego de niños, igual que las picas, las balas y las conflagraciones: la verdadera tiranía puritana era la de la agresiva razón sobre el acorralado y desmoralizado espíritu humano. Su obsesión y su locura pueden perdonarse, incluso amarse y reverenciarse, porque no son otra cosa que humanidad en llamas: es posible simpatizar con el odio, la locura puede resultar familiar. La caída de los puritanos no se debió a que fueran fanáticos, sino a que eran racionalistas.

Cuando consideramos estas cosas, cuando recordamos que el puritanismo —que en nuestros días equivale a una actitud moral y es casi un asunto de temperamento— implicaba en aquellos tiempos una actitud basada arrogantemente en la lógica, apreciamos un poco mejor esa veta de bondad que subyace a la vulgaridad y trivialidad de la Restauración. La Restauración, de la cual el temperamento de Carlos II supuso una manifestación eminente, significó en gran parte una revuelta de los aspectos caóticos e innominados de la naturaleza humana, aquellos que cualquier esquema racionalista de la vida dejará siempre de lado. Y no nos referimos meramente a una revuelta de los vicios, o de esa temeridad vacua y ese atolondramiento que con frecuencia resultan más irritantes que cualquier vicio, sino al retorno de la virtud de la cortesía: otra cuestión inclasificable que los códigos lógicos han ignorado. La cortesía posee, sin duda, algo que la emparenta con la mística; como la religión, se entiende en todas partes sin que se pueda definir. No debemos permitirnos despreciar a Carlos II simplemente porque, como temperamento eminente de aquel movimiento, se haya dejado arrastrar por aquella nueva oleada de cortesía. Tras su atención a los detalles había siempre algún valor moral y social. Puede que no haya cumplido los Diez Mandamientos, pero cumplía los diez mil mandamientos. Su nombre no se asocia con el sacrificio o el deber, pero sí, en cambio, con un gran número de aquellas magnánimas muestras de cortesía, de dramática delicadeza, que se ubican en la tenue frontera entre la moral y el arte. «Carlos II —dijo Thackeray breve y certeramente— era un granuja, pero no un *snob*». A diferencia de Jorge IV, era un caballero, y un caballero es, desde el principio de los tiempos, alguien que obedece a extraños estatutos que no constan en ningún manual y que practica extrañas virtudes sin nombre.

Es mucho lo que se puede y debe decir en favor de la Restauración porque supuso la revuelta de algo íntimamente humano, aunque sólo fueran los despojos de la naturaleza de los hombres. Más no se puede pedir, sin embargo. Supuso una enfática caída más que un ascenso, una retirada más que un avance, una debilidad repentina más que una fuerza súbita. Que el puritanismo haya tensado desmedidamente el arco de la naturaleza humana, que haya forzado el alma hasta hacerla alcanzar la altura de un idealismo casi horrendo, hace infinitamente más excusable el fracaso de la Restauración, aunque no lo exima de ser un fracaso. Nada puede borrar el hecho fundamental de que el puritanismo supuso uno de los mayores esfuerzos del hombre en pos del descubrimiento del verdadero orden, al tiempo que la Restauración, en esencia, consistió en no requerir esfuerzo alguno. Es cierto que la Restauración no fue, como se ha pensado siempre, la época más inmoral de nuestra historia: sus vicios no pueden compararse ni por un momento con las monstruosas tragedias, los casi sofocantes secretos y las villanías de la corte de Jacobo I. Pero los licores y el rapé de las saturnalias de Carlos II nos parecen al mismo tiempo más humanos y más detestables que las pasiones y venenos del Renacimiento, al igual que un mono parece inevitablemente más humano y más detestable que un tigre. Comparada con el Renacimiento, la Restauración tiene algo de campechana. No sólo era demasiado indolente para la gran moralidad, sino incluso para el gran arte. Le faltaba la seriedad que se requiere incluso para obtener placer, la disciplina que resulta esencial hasta para un juego de tenis. A los poetas de Carlos II les habría parecido tan arduo escribir el *Paraíso perdido* como reconquistar el paraíso mismo.

Todos los idiomas antiguos y vigorosos abundan en imágenes y metáforas que, incluso usadas de un modo ligero y casual, constituyen en sí mismas auténticos poemas de extraordinaria y sorprendente categoría. Y tal vez no exista una frase tan tremendamente significativa como «matar el tiempo». Es una imagen terrible y poética: la imagen de una suerte de parricidio cósmico. Hay en el mundo cierta clase de juerguistas que, en su exuberancia, consideran el tiempo fundamentalmente un enemigo. Carlos II y la gente de la Restauración pertenecían a esa especie. Cualesquiera que hayan sido sus méritos —y, como hemos dicho, probablemente no hayan tenido ninguno— jamás podrán contarse entre los auténticos representantes de la alegría de vivir: formaban parte de los modestos epicúreos que «matan el tiempo», y no de aquellos otros, más distinguidos, que lo llenan de vida.

Por derecho propio, Carlos II era la cabeza natural de un pueblo así. Puede que haya sido un rey de pantomima, pero era el rey y, con toda su cordialidad, no permitió que nadie lo olvidara jamás. No fue, por cierto, el errático *flaneur* que suele creerse: era un político astuto y paciente que disimulaba su sabiduría bajo una máscara de locura tan acabada que no sólo engañó a sus aliados y enemigos, sino a casi todos los historiadores que vinieron a continuación. Pero si Carlos II fue el único Estuardo que alcanzó el auténtico despotismo, se debió en gran medida al temperamento de la nación y la época. El despotismo es el más fácil de todos los gobiernos, cuando menos para los gobernados.

Se trata, sin duda, de una forma de esclavitud, y el verdadero esclavo no es otro que el déspota. En tiempos de decadencia, los hombres emplean a profesionales para que peleen por ellos, a profesionales para que bailen por ellos, y entregan el gobierno a un profesional.

En los retratos de aquella época, casi todos los rostros parecen máscaras que complementan la engañosa peluca. Una extraña irrealidad envuelve aquel período. Distraídos como estamos hoy en día por enigmas cívicos y problemas de toda guisa, nos podemos permitir regocijarnos: nuestras lágrimas son menos desoladas que su risa, nuestras ataduras menos apretadas que su libertad.

FRANCISCO DE ASÍS

El ascetismo es, en nuestros días, algo cuya naturaleza tendemos a malinterpretar. En sentido religioso, es el repudio de las múltiples alegrías humanas a cambio del supremo júbilo de una única alegría: la alegría religiosa. Pero el ascetismo no se limita al ascetismo religioso: hay un ascetismo científico que afirma que la verdad es satisfactoria por sí sola, un ascetismo amatorio que afirma que el amor es satisfactorio por sí solo; hay incluso un ascetismo epicúreo que afirma que la cerveza y el boliche son satisfactorios por sí solos.

Cada vez que el elogio de algo conduce a la afirmación de que, para quien lo pronuncia, ese único objeto basta para seguir viviendo, nos encontramos ante el germen y la personificación del ascetismo. Cuando William Morris, por ejemplo, dice que «el amor es suficiente», es obvio que lo que está implicando es que el arte, la ciencia, la política, la ambición, el dinero, las casas, los carruajes, los conciertos, los guantes, los bastones, las aldabas, las estaciones de trenes, las catedrales y cualquier otra cosa que uno pueda alistar es innecesaria. Cuando Omar Jayam dice:

> Aquí con un mendrugo, entre el gayo ramaje,
> Una ánfora de vino, un manojo de versos,
> Y tú conmigo, sola, cantando entre el boscaje,
> Es para mí un paraíso el yermo más salvaje,[1]

[1] «La caravana en el desierto», traducción de Joaquín V. González.

está claro que no sólo habla estéticamente, sino ascéticamente. Hace una lista de cosas y asegura que no desea nada más, como habría hecho un monje medieval. Desde luego, los ejemplos se contarían por centenares. Uno de nuestros poetas jóvenes más genuinos afirma, como única certidumbre, que:

De la casa tranquila y el primer principio
Al impaciente e ignoto confín,
Nada vale la pena alcanzar,
sino la risa y el amor de los amigos.[2]

He aquí un buen ejemplo de lo que intento decir: que toda felicidad auténtica se expresa en términos de ascetismo.

Ahora bien, no hay duda de que, cuando una generación entera pierde la noción de determinada especie de alegría, de inmediato empieza a llamar melancólicos y autodestructivos a los que la disfrutan. Los más formidables filósofos liberales han llamado melancólicos a los monjes por negarse a los placeres de la libertad y el matrimonio; del mismo modo, podrían llamar melancólicos a los veraneantes, dado que éstos por lo general rehúsan los placeres del silencio y la meditación. Pero tenemos a la mano un ejemplo más simple y eficaz. Si se diera el caso de que el atletismo desapareciera de las escuelas privadas y las universidades inglesas, si la ciencia nos proveyera de un nuevo método no competitivo de cultivar el físico, si la ética popular diera un abrupto giro hacia una actitud de absoluto desprecio e indiferencia hacia ese sentimiento llamado diversión, es fácil ver lo que ocurriría: los futuros historiadores dirían, sencillamente, que en los oscuros días de la reina Victoria los jóvenes de Oxford y Cambridge se sometían a una terrible forma de tortura religiosa. Que, por fan-

[2] Hilaire Belloc, «Dedicatory Ode» (Oda dedicatoria).

tásticas reglas monásticas, se les prohibía disfrutar del vino y el tabaco a lo largo de ciertos períodos de tiempo arbitrariamente fijados antes de brutales combates y festivales. Que los más fanáticos insistían en levantarse a horas inhumanas y correr violentamente y sin objeto alrededor de los campos. Que muchos arruinaron su salud en esos antros de superstición y otros murieron.

Todo esto es perfectamente cierto e irrefutable. El atletismo en Inglaterra es una forma de ascetismo, tanto como las reglas monásticas. Los hay que han muerto haciendo esfuerzos que los superan en nombre del atletismo. Hay una sola diferencia, y sólo una, entre la religión y el deporte: mientras que el amor por el deporte nos parece comprensible, no nos lo parece el amor por los oficios religiosos. En un caso, sólo atendemos al coste, mientras que en el otro también atendemos a la recompensa.

Nos queda, sin embargo, una duda: ¿en qué consistía el goce de los antiguos ascetas cristianos, del cual el ascetismo era sólo el precio a pagar? La mera posibilidad de hacernos esta pregunta sirve de ejemplo de cómo solemos pasar por alto los asuntos centrales de la historia humana. Miramos a la humanidad desde demasiado cerca, así que sólo vemos los detalles y no los rasgos más vastos y dominantes. Cuando pensamos en el origen de la cristiandad, lo identificamos con el surgimiento de la abnegación y casi del pesimismo. No se nos ocurre que la mera afirmación de que este universo atroz y confuso está gobernado por la justicia y la misericordia revela un optimismo arrollador, perfectamente capaz de dejar a todo el mundo retozando. El detalle que hacía a aquellos monjes volverse locos de alegría era el universo en sí: la única cosa auténticamente digna de disfrutarse. La diáfana luz del amanecer que alumbró el mundo e hizo aparecer los infinitos bosques; el rayo que despertó y desgajó el árbol; los océanos que se alzaron como montes e hicieron naufragar el barco: todos estos terribles objetos desconectados y sin sentido formaban parte, para ellos, de una oscura y aterradora y bondadosa conspiración, de un despiadado plan piadoso.

Desde luego, es perfectamente lícito sostener que esa idea de la Naturaleza no es precisa ni está bien fundada, pero no que no sea optimista. Insistimos, sin embargo, en poner el asunto patas arriba. Insistimos en que los ascetas eran pesimistas porque eran capaces de cambiar cuarenta años de su vida por toda una eternidad de dicha. Olvidamos que la postulación misma de una dicha eterna es, por su propia naturaleza, diez mil veces más optimista que el mismo número de saturnales paganas.

Previsiblemente, la biografía de Francisco de Asís del señor James Adderley no tiene en consideración estas cosas, como tampoco expresa cabalmente el carácter de Francisco. Tiene, más bien, el tono de un devocionario. Un devocionario es algo excelente, pero no buscamos en él el retrato de un hombre por la misma razón que no buscamos el retrato de una mujer en un soneto de amor: en esa disposición mental, quien escribe no sólo le atribuye todas las virtudes a su ídolo, sino todas las virtudes en la misma proporción. No hay contornos, pues el artista no consiente en añadir ni una sola línea negra. Tal derroche de bendiciones, tal conflicto de luces, encuentra su lugar más apropiado en la poesía, no en la biografía. Los mejores ejemplos pueden hallarse en las odas más idealistas de Spenser. Por momentos, su diseño es casi indescifrable porque el poeta dibuja con plata sobre blanco.

Es natural, desde luego, que el señor Adderley vea a Francisco, por encima de todo, como el fundador de la orden franciscana. Por nuestra parte, sospechamos que fundar una orden fue sólo una más de las cosas que Francisco hizo, y tal vez una de las menos importantes, igual que sospechamos que fundar la cristiandad fue una de las cosas menos importantes que Cristo hizo alguna vez. En todo caso, está claro que el vasto trabajo práctico de Francisco no puede pasarse por alto porque aquel niño sorprendentemente espiritual y casi enloquecedoramente resuelto fue uno de los hombres más exitosos en su combate con este mundo amargo. Suele decirse que el secreto de los hombres así es su profunda confianza en sí mismos, y es verdad, pero no lo es todo: los asilos y los manicomios están repletos de hombres que creen en sí mismos. Resulta más preciso decir que el secreto del éxito de Francisco residía en su profunda fe en los otros, y es justamente la falta de una fe como esa la que ha llevado a la perdición a aquellos desconocidos napoleones.

Francisco siempre dio por hecho que el resto de la gente debía de estar tan preocupada como él por nuestro pariente común: la rata de agua. Planeó visitar al emperador para llamar su atención sobre las necesidades de «sus hermanitas, las alondras». Solía hablarle a cualquier ladrón o asaltante con el que se topara sobre la desventura de ser incapaz de dar rienda suelta a sus deseos de santidad. Era una costumbre inocente, y sin duda, mientras les hablaba, los asaltantes aprovechaban para «sacar tajada», como suele decirse. Pero con la misma frecuencia habrán descubierto luego que él a su vez había «sacado tajada» de ellos y revelado su secreta nobleza.

Como esencialmente concibe a san Francisco como el fundador de la orden franciscana, el señor Adderley abre su narración con un admirable bosquejo de la historia de la vida monástica en Europa que sin duda es lo mejor del libro. Distingue con toda claridad y precisión entre el ideal maniqueo que subyace en gran parte de la vida monástica oriental y el ideal de la autodisciplina que jamás ha desaparecido del todo de la vida monástica cristiana. Pero no arroja ninguna luz sobre lo que podría significar para alguien ajeno el interesante problema del ascetismo católico, por la magnífica razón de que, no siendo él ajeno, no lo encuentra en absoluto problemático.

Para la mayoría de las personas, sin embargo, en la postura de Francisco existe una inconsistencia fascinante. Francisco expresó, en un lenguaje más elevado y audaz que el de ningún pensador terrenal, la idea de que la risa es tan divina como las lágrimas. Llamaba a sus monjes «saltimbanquis de Dios». No olvidó jamás deleitarse con un pájaro que revoloteaba o con una gota de agua que escurría de su dedo: quizá fuera el más feliz de los hombres. Y no obstante, toda su política está indudablemente fundada en la negación de lo que consideramos nuestras necesidades más imperiosas; en sus tres votos de pobreza, castidad y obediencia, se niega a sí mismo y a aquellos a quienes ama la propiedad, el amor y la libertad. ¿Cómo es posible entonces que el espíritu más magnánimo y poético de su época haya encontrado en estas terribles renuncias la atmósfera más propicia? ¿Cómo es posible que él, que amaba aquello a lo que todos los hombres son ciegos, haya querido cegarse a lo que todos los hombres aman? ¿Por qué ser monje, y no trovador? Estas preguntas son demasiado amplias para responderlas aquí a cabalidad, pero en cualquier biografía de san Francisco deberían por lo menos formularse; quizá si las respondiéramos encontraríamos de pronto que el enigma de esta taciturna época nuestra también ha quedado resuelto.

Así sucedió con los monjes. Tratándose de los asuntos humanos, los dos grandes partidos son tan sólo aquel que ve la vida negra sobre blanco y el que la ve blanca sobre negro, el partido que se macera y ennegrece con el sacrificio porque sabe que tras él reluce la luz de la misericordia universal y el que se corona de flores y se ilumina con antorchas nupciales porque se sabe erguido contra la negra cortina de una noche incalculable. Los juerguistas son viejos y los monjes, jóvenes.

Fueron los monjes quienes derrocharon felicidad, y nosotros somos los tacaños.

Sin duda, como evidencia el libro del señor Adderley, la vida transparente y sosegada de la sujeción a los tres votos tuvo un efecto sutil y benéfico sobre el genio de Francisco. Éste era esencialmente un poeta. La perfección de su instinto literario se demuestra cuando llama «hermano» al fuego, y «hermana» al agua, o en la pintoresca demagogia de su afirmación, en el sermón a los peces, de que «sólo ellos se salvaron en el Diluvio». En su dramatización sorprendentemente gráfica y minuciosa de la vida, las decepciones y excusas de cualquier planta o animal al que se dirigija, su genio tiene una curiosa semejanza con el de Burns. Pero si evitó la debilidad de los poemas que Burns dedicó a los animales, la ocasional morbosidad de éstos, su grandilocuencia y su moralina, sin duda se debe a que llevaba una vida más limpia y transparente.

Igual que la de su Maestro, la actitud general de Francisco se fundaba en una suerte de terrible sentido común. El famoso comentario de la oruga en *Alicia en el país de las maravillas*, «¿Por qué no?», podría haber sido su lema. No entendía por qué no podía estar en buenos términos con todas las cosas. La pompa de la guerra y la ambición, los grandes imperios medievales y sus habitantes, lucen vulgares y torpemente gobernados bajo la racionalidad de esa mirada inocente. Sus preguntas eran fulminantes y devastadoras como las de un niño. Jamás habría sentido miedo, ni a las pesadillas de la cosmogonía, porque en él no cabía temor alguno. Para él, el mundo era pequeño, no porque tuviera idea de su tamaño, sino por la misma razón por la que las viejas chismosas lo encuentran pequeño: porque tienen infinidad de parientes. Si lo hubieran llevado a la estrella más solitaria que la locura de un astrónomo pueda concebir, él sin duda habría contemplado en ella el rostro de un nuevo amigo.

GIROLAMO SAVONAROLA

Savonarola es un hombre a quien probablemente no llegaremos a entender nunca hasta que sepamos el horror que puede yacer en el corazón mismo de la civilización. Y eso no lo sabremos hasta que seamos civilizados. De modo que, en cierto sentido, cabría esperar que nunca comprendamos a Savonarola.

En su mayoría, los grandes libertadores de la humanidad nos han salvado de grandes males, males que son viejos enemigos del hombre. Los grandes legisladores, de la anarquía; los grandes médicos, de la peste; los grandes reformadores, de la hambruna. Pero hay un mal enorme y profundo frente al cual los otros son como picaduras de mosquito. Se trata de la maldición más desoladora que puede caer sobre hombres o naciones. No tiene nombre, a menos que lo llamemos satisfacción. Savonarola no salvó a los hombres de la anarquía, sino del orden; no los salvó de la peste, sino de la parálisis; no los salvó de la hambruna, sino del lujo. Hombres como Savonarola dan testimonio de cierto hecho psicológico crucial que tiene lugar en el fondo de nuestros cerebros y que, sin embargo, no ha sido nombrado aún: un desenfado que es el peor enemigo de la felicidad y la civilización, y que supone, potencialmente, el fin del hombre.

Porque, en mi opinión, el extraordinario desafío de Savonarola al lujo de su época iba mucho mas allá de la mera cuestión del pecado. Entre los racionalistas modernos, quienes admiran a Savonarola —empezando por George Eliot— suelen hablar extensa y acertadamente sobre la profunda justificación ética de la ira de éste y sobre la odiosa y extravagante naturaleza de los crímenes que infestaban los palacios del Renacimiento. Pero no deberían haberse preocupado tanto de mostrar que Savonarola no era un asceta, y que tan sólo supo reconocer los manchones negros de la maldad a la luz de una mojigatería propia de cualquier miembro de una sociedad ética. Es probable que efectivamente odiara la civilización de su tiempo, y no sólo sus pecados; y es justamente en eso en que se mostraba infinitamente más profundo que un moralista moderno. Se dio cuenta de que los delitos como tales no eran en sí mismos el mal; que las joyas robadas, el vino envenenado y las pinturas obscenas eran tan sólo los síntomas y que la verdadera enfermedad consistía en la absoluta dependencia de las joyas, el vino y las pinturas. Y eso es algo que constantemente se olvida a la hora de juzgar a los ascetas y puritanos de otros tiempos. La denuncia de los aspectos perniciosos del deporte no necesariamente implica el odio ignorante de aquello que sólo un moralista mezquino calificaría de dañino. A veces implica el odio extremadamente lúcido de algo que sólo un moralista mezquino consideraría inofensivo. Aunque no sea siempre así, en ocasiones los ascetas van por delante del hombre promedio.

Tal era, al menos, el odio que anidaba en el corazón de Savonarola. No guerreaba contra pecados triviales, sino contra la pasividad desagradecida y sin Dios, contra la costumbre de la dicha: el pecado místico por el cual la creación entera se precipitó al abismo. Predicaba esa severidad que es la rúbrica de la juventud y la esperanza. Predicaba el estado de alerta, la diligencia que es tan indispensable para obtener placer como para alcanzar la santidad y tan necesaria para un amante como para un monje. Un crítico ha señalado, con razón, que Savonarola no pudo ser fundamentalmente contrario a la estética, puesto que tenía amigos como Miguel Ángel, Botticelli y Luca della Robbia, pero lo cierto es que la purificación y la austeridad resultan más necesarias para apreciar la vida y la risa que para cualquier otro fin. No permitir que el vuelo de los pájaros pase inadvertido, entretener pacientemente las piedras y la maleza, atesorar crepúsculos en la memoria, requieren disciplina en el placer y educación en la gratitud.

El mundo que rodeaba a Savonarola ya había tomado el camino equivocado: el que lleva a la invención infinita, pero no al descubrimiento; el camino en el cual lo nuevo envejece con apabullante rapidez, pero lo viejo no rejuvenece jamás. La monstruosidad de los crímenes del Renacimiento no era signo de imaginación; como toda monstruosidad, era signo de la pérdida de la imaginación. Es sólo cuando un hombre deja de ver un caballo tal como es que inventa un centauro; es cuando ya no puede sorprenderse ante un buey que empieza a adorar al demonio. La *diablerie* es el estimulante de la imaginación cansada, el licor reconstituyente de los artistas. Savonarola se abocó a la más difícil de las tareas terrenales: la de hacer que los hombres vuelvan la cara y se admiren ante las cosas sencillas que han aprendido a ignorar. Resulta extraño que la más impopular de todas las doctrinas sea aquella que declara divina la vida cotidiana. La democracia —de la cual Savonarola era un feroz exponente— es el más arduo de todos los evangelios: no hay nada que dé tanto terror a los hombres como el decreto de que todos somos reyes. El cristianismo, idéntico a la democracia en la mente de Savonarola, es el más difícil de los evangelios: no hay nada que provoque tanto miedo en los hombres como decir que somos todos hijos de Dios.

Savonarola y su república cayeron. Se administró a la gente la droga del despotismo y ésta olvidó lo que había sido. Hoy en día, algunos respetan de un modo tan extraño el arte, las letras y el genio que consideran el reinado de los Medici un progreso respecto de la gran república florentina. Son hombres como ésos, y su civilización, los que debemos temer hoy. Estamos rodeados de los mismos síntomas que despertaron la insaciable ira de Savonarola: un hedonismo que está más hastiado de la felicidad que un inválido del dolor; un arte que, habiendo agotado la naturaleza, busca el auxilio del crimen. En muchas obras modernas encontramos horribles y veladas alusiones a una noción auténticamente renacentista de la belleza de la sangre, de la poesía del asesinato. La imaginación depravada y en bancarrota no puede ver que un vivo es mucho mas dramático que un muerto. Esto, igual que en la época de los Medici, corre parejas con una vuelta a los brazos del despotismo: las ansias de un hombre fuerte que los fuertes no sienten jamás. Se rinde culto al héroe autoritario igual que lo hacen los lectores de las *Bow Bells Novelettes* y por la misma razón: una profunda sensación de debilidad personal. Crece en nosotros esa tendencia a delegar nuestros deberes que es el alma de la esclavitud y que ataca por igual a siervos y emperadores incluso cuando se trata de empresas sin relevancia. Contra todo esto se alza, en eterna protesta, la voz del gran clérigo republicano, y elige el fracaso propio antes que el triunfo de su rival. La cuestión sigue estando entre él y Lorenzo, entre las responsabilidades de la libertad y las licencias de la esclavitud, entre los peligros de la verdad y la seguridad del silencio, entre el placer del trabajo duro y el duro trabajo del placer. No hay duda de que entre nosotros hay partidarios de Lorenzo el Magnífico: hombres para los que incluso las naciones y los imperios existen sólo para la satisfacción momentánea, para los cuales la última hora de calor del verano es mejor que toda una primavera adusta e invernal. Poseen un arte, una literatura, una filosofía política, valoradas todas por igual según su efecto inmediato sobre el gusto, no por lo que prometen en relación con el destino del espíritu. Lo mismo que sus sonetos, sus estatuillas son redondas y perfectas, mientras que, en comparación, *Macbeth* es un fragmento y el *Moisés* de Miguel Ángel una mera insinuación. Sus empresas y batallas se reconocen siempre triunfales, mientras que César y Cromwell lloraron muchas humillaciones. Y, al cabo, nos topamos con el infierno de la no resistencia, con una molicie hasta tal punto insondable que la naturaleza entera se recoge en la locura y el gran aposento de la civilización deja de ser un salón lleno de almohadones para convertirse en una celda acolchada.

Savonarola vio venir desde lejos esta desgracia, que es la peor y la última de todas las desgracias humanas, y dirigió toda su gigantesca energía a desviar el carro en otra dirección. Pocos hombres comprendieron su objetivo: algunos lo llamaron loco; otros, charlatán; otros más, enemigo de la alegría humana. No lo habrían entendido aunque hubiera intentado explicárselo, aunque les hubiera dicho que estaba salvándolos de la calamidad de la satisfacción, que supone el final tanto de las alegrías como de las tristezas. Pero aun hoy en día hay algunos que presienten el mismo peligro silencioso y se entregan a la misma resistencia silenciosa, aunque se les acuse de reivindicar un insignificante escrúpulo político.

El señor M. Hardy dice, en defensa de Savonarola, que el número de obras de arte destruidas en la hoguera de las vanidades se ha exagerado. Debo confesar que espero que la pila haya contenido montones de obras maestras incomparables, si el sacrificio hizo más real aun ese momento único. De una cosa estoy seguro: de que Miguel Ángel, amigo de Savonarola, habría apilado sus propias esculturas una encima de otra, y las habría hecho arder hasta convertirlas en cenizas, de haber tenido la certeza de que ese resplandor que transfiguraba el cielo era el amanecer de un mundo más joven y sabio.

LEV TOLSTÓI

Sin duda, el mundo entero se dirige hacia una gran simplicidad; no de un modo deliberado, sino más bien inevitablemente. No se trata tan sólo de que se haya puesto de moda un falso candor, como el de los aristócratas franceses de antes de la Revolución, que construyeron un altar al dios Pan y cobraban impuestos a los campesinos para poder cubrir los enormes gastos en que incurrían en su afán de vivir como simples campesinos. La simplicidad hacia la que el mundo se dirige es el resultado forzoso de todos nuestros sistemas y especulaciones, y de nuestra profunda y continua contemplación de las cosas. Porque el universo es como todo lo que hay en él: tenemos que observarlo habitual y repetidamente antes de ser capaces de verlo. Y es sólo cuando lo hemos visto por enésima vez que lo vemos por vez primera. Mientras más consistentemente se observan las cosas, más tienden a unificarse y, por lo tanto, a hacerse más simples. La simplificación de algo siempre causa sensación. Así, el monoteísmo es la más sensacional de todas las cosas: es como si miráramos durante un largo rato un diseño lleno de objetos inconexos y de pronto descubriéramos, con asombro, que se unen para formar un rostro que nos mira.

Muy pocos se atreverían a discutir que todos los movimientos típicos de nuestra época se dirigen hacia la simplificación. Cada sistema pretende ser más fundamental que el otro; cada uno busca, literalmente, socavar al otro. En el arte, por ejemplo, el viejo concepto de hombre, clásico como el Apolo de Belvedere, fue atacado primero por los realistas, que afirmaban que el hombre, como un hecho de la historia natural, es una criatura con el pelo descolorido y la cara pecosa. Después vinieron los impresionistas, que iban más lejos y decían que, para el ojo físico, que es el único cierto, el hombre es una criatura con el pelo morado y la cara gris. Más tarde, los simbolistas, que decían que, para su alma, que es lo único cierto, el hombre es una criatura con el pelo verde y la cara azul. Y todos los grandes escritores de nuestro tiempo representan de una manera u otra ese intento de restablecer la comunicación con lo elemental o, como se dice algunas veces de un modo más burdo y falaz, de volver a la naturaleza. Algunos piensan que el retorno a la naturaleza consiste en no beber vino; otros, que consiste en beber mucho más de lo recomendable. Algunos piensan que se logra destruyendo las espadas y transformándolas en rejas para los arados; otros, que se logra transformando esas rejas en las poco efectivas bayonetas del Ministerio de la Guerra. Según los chovinistas, es natural que alguien mate a otro empleando pólvora y que se mate a sí mismo bebiendo ginebra. Según los revolucionarios humanitaristas, lo natural es matar a los otros con dinamita y a sí mismos consumiendo sólo comida vegetariana. Quizás parezca decididamente filisteo sugerir que el propósito de cualquiera de estas personas de obedecer la voz de la naturaleza gana interés cuando consideramos que convencerse a sí mismo, o a cualquier otro, de la verdad de sus conclusiones requiere una gran cantidad de argumentos paradójicos. Pero los gigantes de nuestro tiempo sin duda se aproximan a este concepto del retorno a la simplicidad por caminos muy diferentes. Ibsen retorna a la naturaleza a través de la angulosa superficie de los hechos; Maeterlinck, a través de las tendencias eternas de la narración. Whitman vuelve a la naturaleza viendo cuánto puede aceptar; Tolstói, cuánto puede rechazar.

Ahora bien, está claro que este heroico deseo de volver a la naturaleza es, en algunos aspectos, como el heroico deseo de un gatito de atrapar su propia cola. Una cola es un objeto simple y hermoso, de rítmicas curvas y agradable textura, pero sin duda una de sus cualidades más características, aunque parezca poco importante, es el hecho de que debe colgar por detrás. Es imposible negar que una cola perdería en alguna medida su carácter si estuviera unida a cualquier otra parte de la anatomía. Así, la naturaleza es como una cola, en el sentido de que es de vital importancia que no cambie su verdadera función de colgar siempre por detrás. Imaginar que podemos ver la naturaleza, especialmente nuestra propia naturaleza, cara a cara es una locura; incluso una blasfemia. Es como si, en un absurdo cuento de hadas, un gato partiera con la firme convicción de que, en las praderas del fin del mundo, encontrará su cola creciendo como lo haría un árbol. Y los viajes de los filósofos, vistos desde fuera, dan la impresión de ser como los giros del gatito en pos de su cola: muestran gran entusiasmo, pero poca dignidad; muchos giros y poca cola. La grandeza de la naturaleza consiste en que es omnipotente y pasa desapercibida, en que su dominio es quizás mayor cuando pensamos que no nos presta atención. «Verdaderamente tú eres Dios escondido», dice el poeta hebreo. Y podría afirmarse con todo respeto que es tras las espaldas de los hombres que se esconde el espíritu de la naturaleza.

Todas estas consideraciones le dan un cierto aire de futilidad a las inspiradas simplicidades y atronadoras verdades de Tolstói. Sentimos que no se puede llegar a ser simple tan sólo declarándole la guerra a la complejidad; de hecho, en nuestros momentos de cordura sentimos que nadie en absoluto puede llegar a ser simple. Una simplicidad afectada puede ser más intrínsecamente ornamental que el propio lujo. En efecto, gran parte de la pompa y suntuosidad de la historia del mundo era simple en el sentido más auténtico. Provenía de una receptividad casi infantil: era obra de hombres que tenían ojos para maravillarse y oídos para escuchar.

Por su deseo de tener pavos reales,
Marfiles y simios,
De Tarsis a Tiro,
El rey Salomón atrajo a los buques mercantes.[1]

Pero este procedimiento no formaba parte de la sabiduría de Salomón, sino de su locura, casi diríamos de su ingenuidad. Tratándose de Tolstói, tenemos la sensación de que no quedaría satisfecho con acumular sátiras y denuncias contra Salomón en toda su gloria. Con feroz e impecable lógica, iría un paso más allá: pasaría noches y días en las praderas deshojando las impúdicas corolas carmesíes de los lirios del campo.

La reciente antología *Cuentos de Tolstói*, traducida y editada por el señor R. Nisbet Bain, está pensada para llamar la atención, en particular, sobre ese lado ético y ascético de la obra de Lev Tolstói. En cierto sentido —el más profundo—, la obra de éste es, desde luego, un noble y genuino llamado a la simplicidad. La limitada noción de que un artista no debe ser didáctico ya ha sido suficientemente refutada, pero lo cierto es que un artista enseña más y mejor con su simple bagaje y sus particularidades, sus paisajes y su indumentaria, su idioma y su técnica —en resumen, con todos aquellos aspectos de su obra de los cuales es inconsciente—, que con el elaborado y pomposo discurso moral que suele considerar su opinión. La auténtica diferencia entre la ética del gran arte y la del arte prefabricado y didáctico consiste en el simple hecho de que una fábula mala contiene una moraleja, mientras que las mejores fábulas son en sí mismas una moraleja. Y la auténtica moraleja de Tolstói aflora constantemente en sus cuentos; esa notable moraleja, probablemente inconsciente, que se halla en el corazón de toda su obra y que él sin duda desaprobaría

[1] Rudyard Kipling, «The Merchantmen» (Los mercaderes).

con vehemencia. Me refiero a la curiosa luz matinal, límpida y fría, que ilumina todos sus cuentos; a la simplicidad del folclor, donde se puede hablar de «un hombre» o de «una mujer» sin identificaciones ulteriores; al amor —casi podría decirse lujuria— por las cualidades de la materia bruta: la dureza de la madera y la suavidad del barro, a la arraigada creencia en cierta bondad ancestral que resguarda la mismísima cuna de la raza humana. Cuando las comparamos con el absurdo resonar del Tolstói didáctico, que clama por una pureza obscena, que invoca una paz inhumana, que se sirve de un cuchillo para dividir la vida en pequeños pecados, que desprecia a hombres, mujeres y niños por respeto a la humanidad, que reúne en un solo caos de contradicciones un puritanismo muy poco viril y una mojigatería incivilizada, entonces ciertamente no sabemos dónde ha quedado Tolstói. No sabemos qué hacer con ese moralista pequeño y ruidoso que habita en un rincón de un hombre grande y bueno.

En todo caso, resulta difícil reconciliar a Tolstói, el gran artista, con Tolstói, el casi malvado reformador. Es difícil creer que un hombre que dibuja con tan nobles trazos la dignidad de la vida cotidiana de la humanidad considere maligno el divino acto de la procreación, a través del cual esa dignidad se renueva de generación en generación. Es difícil creer que un hombre que ha pintado con aterradora honestidad la descorazonadora vacuidad de la vida de los pobres pueda negarles, uno a uno, todos sus tristes placeres, desde el galanteo hasta el tabaco. Es difícil creer que un poeta en prosa que ha mostrado tan poderosamente la condición terrenal de los hombres, su esencial hermandad con el paisaje en que habitan, pueda negar la virtud elemental que une a un hombre con sus ancestros y con su propia tierra. Es difícil creer que quien siente en lo más hondo la detestable insolencia de la opresión no quiera buscar, si está en sus manos, derrocar al opresor.

Todo lo anterior, sin embargo, proviene de la búsqueda de una falsa simplicidad, del propósito de ser, si se me permite decirlo así, más natural de lo que es natural. No sólo sería más humano, sino más humilde, contentarnos con ser complejos. La verdadera hermandad humana quizás consistiría en hacer lo que siempre se ha hecho: aceptar deportivamente el lugar que ocupamos, nuestra añoranza de felicidad y los avatares de la tierra donde nacimos.

Pero la importancia de la obra de Tolstói proviene de otro lugar. Representa la reafirmación del terrible sentido común que caracterizó las palabras más extremas de Cristo. Es cierto que no podemos poner la otra mejilla, es cierto que no podemos dar nuestro manto al ladrón: la civilización es demasiado complicada y proclive a la vanagloria, demasiado sentimental. El ladrón se jactaría y nosotros nos sentiríamos avergonzados; en otras palabras: ambos, el ladrón y nosotros, somos igualmente sentimentales. El mandamiento de Cristo es imposible, pero no insensato: se trata, más bien, de sensatez predicada en un planeta de lunáticos. Si el mundo entero recibiera de pronto el don del sentido del humor, se encontraría automáticamente cumpliendo el Sermón de la Montaña. No son simplemente los hechos los que se oponen, sino la vanidad, la autopromoción y la sensibilidad morbosa. Es cierto que no podemos poner la otra mejilla, y la única razón es que no tenemos las agallas. Tolstói y sus seguidores han mostrado que las tienen y, sin importar si pensamos que están equivocados, con ese signo vencerán. Su teoría tiene la fuerza de lo consistente. Representa la doctrina de la bondad y la mansedumbre, que es la más acabada forma de resistencia, y la más audaz, frente a cualquier autoridad posible. Tal es la gran fuerza de los cuáqueros, más formidable que muchas revoluciones sangrientas. Si los seres humanos lograran ejercer tan sólo una verdadera resistencia pasiva, se harían fuertes con la devastadora potencia de los objetos inanimados; tendrían la enloquecedora calma de la encina o el hierro, que conquistan sin venganza y que son conquistados sin humillación. La teoría del deber cristiano que Tolstói y los suyos enuncian es que nunca debemos conquistar por la fuerza, sino utilizar la persuasión siempre que sea posible. En su mitología, san Jorge no vence al dragón: le ata una cinta rosada al cuello y le sirve un plato de leche. Según ellos, si Nerón hubiese sido tratado siempre con amabilidad, se habría transformado en alguien vagamente parecido a Alfredo el Grande. De hecho, la política recomendada por esta escuela para manejar la estupidez y la furia bovinas de este mundo se resume con precisión en los celebrados versos de Edward Lear:

> Hubo un viejo cualquiera que díjose un día:
> «¿Cómo huir de una vaca iracunda podría?».
> «Pues sentado aquí
> Sin parar de reír:
> De ese modo ablandar a la res conseguiría».[2]

Su confianza en la naturaleza humana es realmente honrosa y magnífica; se manifiesta como una negativa a creerle a la abrumadora mayoría de la humanidad, incluso cuando ésta se toma el trabajo de explicar sus motivos. Pero, aunque probablemente muchos de nosotros tenderíamos a considerar, a simple vista, a esta nueva secta de cristianos sólo un poco menos extravagante que alguna de las belicosas y absurdas sectas de la Reforma, estamos en un error. Visto de cerca, el cristianismo de Tolstói es uno de los acontecimientos más dramáticos y emocionantes de nuestra civilización moderna. Representa un tributo más sensacional a la religión cristiana que la ruptura de sellos o la caída de estrellas.

[2] De *A Book of Nonsense* (*El libro del sinsentido*).

Para los racionalistas, el mundo entero se ha vuelto prácticamente irracional por culpa del fenómeno del socialismo cristiano. Éste pone patas arriba el universo científico y hace fundamentalmente posible que la clave de toda evolución social pueda hallarse en el polvoriento ataúd de algún credo devaluado. Considerar ese fenómeno tal como es no puede estar de más.

Como muchas cosas verdaderas, la religión de Cristo ha sido refutada innumerables veces. La refutaron los filósofos neoplatónicos en el preciso momento en que comenzaba su sorprendente y universal derrotero. La refutaron, de nuevo, muchos de los escépticos del Renacimiento, sólo unos pocos años antes de su segunda e impresionante encarnación, el puritanismo, que triunfaría sobre muchos reyes y civilizaría muchos continentes. No podemos sino estar de acuerdo en que esas escuelas de la negación fueron únicamente interludios en su historia; sin embargo, también creemos, natural e inevitablemente, que la negación de nuestra época supone una ruptura definitiva del cosmos teológico, el Armagedón, el Ragnarök, el crepúsculo de los dioses. Como si fuese un chico de dieciséis años, el hombre del siglo XIX cree que sus dudas y su depresión son símbolos del fin del mundo. En nuestros días, los grandes ateos, que lograron nada menos que destronar a Dios y ahuyentar a los ángeles, han sido superados y apartados y se les ha hecho ver como ortodoxos y monótonos. Una nueva raza de escépticos ha encontrado algo infinitamente más emocionante que hacer que clavar las tapas de un millón de ataúdes y un cuerpo en una solitaria cruz. Han puesto en discusión no sólo los credos, sino las leyes elementales de la humanidad, la propiedad, el patriotismo y la obediencia civil. Han sometido a juicio la civilización tan abiertamente como los materialistas sometieron a juicio la teología; han condenado a los filósofos aun más de lo que condenaron a los santos. Miles de hombres modernos, que se mueven callada y convencionalmente entre sus semejantes, abrigan ideas sobre las limitaciones nacionales o sobre la propiedad agrícola que habrían hecho a Voltaire temblar como una monja ante una retahíla de blasfemias. Y la última y más alocada fase de esta saturnalia de escepticismo, la escuela que, entre miles, va más lejos de todas, que niega la validez moral de los ideales de valentía y obediencia que incluso los piratas reconocen, esta escuela se basa literalmente en la palabra de Cristo, como el doctor Watts o los señores D. L. Moody y Ira D. Sankey. Nunca en toda la historia del mundo se pagó un tributo mayor por la revitalización de un antiguo credo. Comparado con esto último, que el Mar Rojo se abriera o que el sol se detuviera en medio del cielo serían nimiedades. Nos enfrentamos a un grupo de revolucionarios cuyo desprecio por los ideales de familia y nación produciría horror en una guarida de ladrones, un grupo que ha conseguido desprenderse de los instintos elementales del hombre y del caballero que se hallan en la médula misma de nuestra civilización, pero no del influjo de dos o tres remotas anécdotas orientales escritas en un griego corrupto. Bien visto, el hecho tiene algo de asombroso e hipnótico. En presencia de este grupo, el racionalista más convencido se ve sorprendido de súbito por una visión antigua y extraña: contempla las inmensas y escépticas cosmogonías de nuestra época sufrir la misma suerte de un centenar de herejías olvidadas, y cree por un momento que ciertos dichos oscuros que han pasado de mano en mano durante dieciocho siglos podrían, de hecho, contener el germen de revoluciones con las que sólo hemos comenzado a soñar.

Antes hemos hablado de la importancia de Tolstói y los tolstoianos. Pues bien: en cierto sentido ellos son los nuevos cuáqueros. Con su extraño optimismo y su lógica osada y casi devastadora, ofrecen un tributo a la cristiandad que ninguna ortodoxia podría ofrecer jamás. Cómo no sorprendernos frente a una revolución en la que gobernantes y rebeldes marchan bajo el mismo símbolo. Sin embargo, la auténtica teoría de la no resistencia, con todas sus teorías adyacentes, no se caracteriza en realidad, desde mi punto de vista, por esa necesidad y obviedad intelectual que sus partidarios le atribuyen. Un panfleto que ha caído en nuestras manos nos muestra una cantidad extraordinaria de afirmaciones acerca del Nuevo Testamento en las cuales la exactitud no llama tanto la atención como la seguridad con la que se expresan. Para empezar, debemos protestar contra el hábito de citar parafraseando al mismo tiempo. Cuando alguien discute lo que Jesús realmente quiso decir, primero debe establecer lo que dijo, no lo que habría dicho si se hubiera expresado más claramente. He aquí un cuestionario que puede servir de ejemplo:

—¿Qué breves frases resumen la ley, según nuestro Maestro?
—Sed misericordiosos, sed perfectos como vuestro Padre Celestial; vuestro Padre en el mundo espiritual es misericordioso, es perfecto.

En esto tal vez no haya nada que Cristo no hubiera dicho —con excepción del abominable modernismo metafísico del «mundo espiritual»—, pero afirmar que la Escritura dice tal cosa es tanto como asegurar que también señala que Jesús prefería las palmeras a los sicomoros. Es, simple e irrebatiblemente, una mentira. El autor del panfleto debería saber que esas palabras han significado mil cosas distintas para mil personas diferentes, y que, si más sectas antiguas hubieran parafraseado esas palabras tan alegremente como él, jamás habría podido dar con el texto en el cual basa su teoría. Si un panfleto hace eso con la palabra escrita, no puede sorprendernos que contenga afirmaciones erradas sobre asuntos aun más importantes. He aquí una afirmación expresada clara y filosóficamente que no podemos más que rechazar de un modo drástico: «El quinto mandamiento de Nuestro Señor indica que debemos esforzarnos en cultivar la misma clase de amor por los extranjeros, y en general por aquellos que no son de los nuestros o incluso sienten antipatía por nosotros, que el que sentimos por nuestra propia gente y por aquellos a los cuales agradamos». Me gustaría saber en qué lugar del Nuevo Testamento se halla esta proposición violenta, antinatural e inmoral. Cristo no tenía la misma consideración por una persona que por otra. Se nos ha dicho específicamente que hubo personas a quienes amaba de un modo especial. Es muy improbable que pensara de otras naciones lo mismo que pensaba de la suya. La visión de su ciudad capital lo conmovía hasta las lágrimas, y el mayor elogio que hizo alguna vez fue: «He aquí un verdadero israelita». El autor del panfleto simplemente ha confundido dos cosas totalmente distintas. Cristo nos ordenó amar a todos los hombres, pero, incluso si los amáramos a todos por igual, decir que tenemos el mismo amor para todos los hombres no es más que un absurdo. Si amamos a alguien, la impresión que nos causa debe ser completamente distinta a la que nos produce otro cualquiera al que amemos. Decir que tenemos la misma consideración por ambos sería tan razonable como darle a escoger a alguien entre los crisantemos y el billar. Cristo no amó a la humanidad; nunca dijo que amara a la humanidad: amaba a las personas. Ni Él ni nadie ama a la humanidad: sería como amar a un ciempiés gigante. Y la razón por la que los tolstoianos pueden tolerar la idea de un afecto distribuido igualitariamente es que su amor por la humanidad es un amor lógico, un amor del cual los han convencido sus propias teorías, un amor que sería un insulto incluso para un gato.

Pero su mayor error se halla en el mero acto de dividir las enseñanzas del Nuevo Testamento en cinco mandamientos.

De ese modo ingenioso pasan por alto precisamente la peculiaridad última de la enseñanza: su absoluta espontaneidad. El abismo entre Jesús y sus exégetas modernos surge del hecho de que no haya constancia alguna de que Él haya escrito una sola palabra, excepto en la arena. La historia de Cristo es la historia de una continua y sublime conversación. De ella se han deducido miles de preceptos anteriores a estos preceptos tolstoianos, y miles más se deducirán en el futuro. No fue con el propósito de hacer alguna proclama pomposa, ni para producir elaborados volúmenes impresos, sino por mor de unas pocas palabras espléndidas e inútiles que se alzó la cruz en el monte Calvario, se abrió la tierra y el sol se oscureció al mediodía.

ÍNDICE

CINCO TEMPERAMENTOS ARTÍSTICOS

CUATRO TEMPERAMENTOS RELIGIOSOS

esta
primera
edición
de *Tempe-
ramentos*
de G. K.
CHESTERTON SE TERMINÓ DE IMPRIMIR EN LA CIUDAD DE BARCELONA EN JULIO DE 2017.

Jus

ALIOS · VIDI · VENTOS · ALIASQVE · PROCELLAS